KB268211

진각국사(眞覺國師)

오로지 정법만을 깨닫기 서원합니다.

입을 열면 정법만을 설하기 서원합니다.

중생이 다하는 그날까지 교화하기 서원합니다.

－대원 문재현 전법선사의 3대 서원

전 법 선 맥 (傳法禪脈)

75조 경허 성우(鏡虛 惺牛) 선사

홀연히 콧구멍 없는 소 되라는 말끝에　忽聞人語無鼻孔
삼천계가 내 집임을 단박에 깨달았네　頓覺三千是我家
유월의 연암산을 내려가는 길에서　六月鷰岩山下路
일없는 야인이 태평가를 부르노라　野人無事太平歌

76조 만공 월면(滿空 月面) 선사

구름과 달, 산과 계곡이라, 곳곳에서 같음이여　雲月溪山處處同
선가의 나의 제자 수산의 큰 가풍일세　叟山禪子大家風
은근히 무문인을 그대에게 분부하니　慇懃分付無文印
이 기틀의 방편이 활안 중에 있노라　一段機權活眼中

77조 전강 영신(田岡 永信) 선사

불조도 전한 바 없어서　佛祖未曾傳
나 또한 얻은 바 없음을…　我亦無所得
가을빛 저물어 가는 날에　此日秋色暮
뒷산의 원숭이가 울고 있네　猿嘯在後峰

78대 대원 문재현(大圓 文載賢) 선사

부처와 조사도 일찍이 전한 것이 아니거늘　佛祖未曾傳
나 또한 어찌 받았다 하며 준다 할 것인가　我亦何受授
이 법이 2천년대에 이르러서　此法二千年
널리 천하 사람을 제도하리라　廣度天下人

어상을 내리지 않고 이러-히 대한다 함이여　不下御床對如是
뒷날 돌아이가 구멍 없는 피리를 불리니　後日石兒吹無孔
이로부터 불법이 천하에 가득하리라　自此佛法滿天下

이 오도송과 전법게는 대원 문재현 선사님께서 법리에 맞도록 새롭게 번역한 것입니다.

2012년 성불사 국제정맥선원 여름수련회를 마치고 대원 문재현 선사님과 함께

바로보인 선문염송 21

바로보인 선문염송 21

바로보인 출판사는 정맥선원에서 운영하고 있습니다.

* 인제산(人濟山) 성불사(成佛寺) 국제정맥선원
  487-835, 경기도 포천시 내촌면 음현리 140-2 ☎ 031-531-8805
* 광암산(光巖山) 성도사(成道寺) 광주정맥선원
  506-453, 광주광역시 광산구 오운동 115-3 ☎ 062-944-4088
* 도봉산(道峯山) 도봉정사(道峯精舍) 서울정맥선원
  132-010, 서울시 도봉구 도봉동 559-24 문젠빌딩 2층 ☎ 02-3494-0122
* 백양산(白楊山) 자모사(慈母寺) 부산정맥선원
  607-120, 부산시 동래구 사직동 113-1번지 대륙코리아나 2층 212호 ☎ 051-503-6460
* 인제산(人濟山) 이문절 포천정맥선원
  487-835, 경기도 포천시 내촌면 음현리 8번지 ☎ 031-532-1918
* 대통산(大通山) 대통사(大通寺) 해남정맥선원
  487-835, 전남 해남군 화산면 안호리 산 62-2 중정마을 대통산 ☎ 010-8822-3603

바로보인 불법 ⑩
바로보인 선문염송(禪門拈頌) 21

초판 1쇄 박은날 단기 4345년, 불기 3039년, 서기 2012년 11월 9일
초판 1쇄 펴낸날 단기 4345년, 불기 3039년, 서기 2012년 11월 15일

역　　저 대원 문재현 선사
펴 낸 곳 도서출판 바로보인
　　　　　487-835, 경기도 포천시 내촌면 음현리 140
　　　　　전화 031-534-3373 팩스 031-533-3387
신고번호 2010.11.24. 제2010-000004호

편집·윤문 진성 윤주영
제작·교정 도명 정행태, 진연 윤인선
인　　쇄 가람문화사

ⓒ 문재현, 2012, printed in Seoul, Korea
www.zenparadise.com

잘못된 책은 교환해 드립니다.
값 15,000원

ISBN 978-89-86214-42-0 04220
ISBN 978-89-86214-21-5 (전30권)

불조정맥(佛祖正脈)

🪷 인 도

교조 석가모니불 (敎祖 釋迦牟尼佛)

 1 조 마하가섭 (摩訶迦葉)

 2 조 아난다 (阿難陀)

 3 조 상나화수 (商那和脩)

 4 조 우바국다 (優波鞠多)

 5 조 제다가 (堤多迦)

 6 조 미차가 (彌遮迦)

 7 조 바수밀 (婆須密)

 8 조 불타난제 (佛陀難堤)

 9 조 복타밀다 (伏馱密多)

10조 파율습박(협) (波栗濕縛, 脇)

11조 부나야사 (富那夜奢)

12조 아나보리(마명) (阿那菩堤, 馬鳴)

13조 가비마라 (迦毗摩羅)

14조 나가르주나(용수) (那閼羅樹那, 龍樹)

❀ 중 국

33조 대감 혜능 (6조 大鑑 慧能)

34조 남악 회양 (7조 南嶽 懷讓)

35조 마조 도일 (8조 馬祖 道一)

36조 백장 회해 (9조 百丈 懷海)

37조 황벽 희운 (10조 黃檗 希雲)

38조 임제 의현 (11조 臨濟 義玄)

39조 흥화 존장 (12조 興化 存獎)

40조 남원 혜옹 (13조 南院 慧顒)

41조 풍혈 연소 (14조 風穴 延沼)

42조 수산 성념 (15조 首山 省念)

43조 분양 선소 (16조 汾陽 善昭)

44조 자명 초원 (17조 慈明 楚圓)

45조 양기 방회 (18조 楊岐 方會)

46조 백운 수단 (19조 白雲 守端)

47조 오조 법연 (20조 五祖 法演)

48조 원오 극근 (21조 圓悟 克勤)

49조 호구 소륭 (22조 虎丘 紹隆)

50조 응암 담화 (23조 應庵 曇華)

51조 밀암 함걸 (24조 密庵 咸傑)

52조 파암 조선 (25조 破庵 祖先)

53조 무준 사범 (26조 無準 師範)

54조 설암 혜랑 (27조 雪岩 慧郞)

55조 급암 종신 (28조 及庵 宗信)

56조 석옥 청공 (29조 石屋 淸珙)

대원 문재현 선사님 인가 내력

제 1 오도송

이 몸을 끄는 놈 이 무슨 물건인가?
골똘히 생각한 지 서너 해 되던 때에
쉬이하고 불어온 솔바람 한 소리에
홀연히 대장부의 큰 일을 마치었네

무엇이 하늘이고 무엇이 땅이런가
이 몸이 청정하여 이러-히 가없어라
안팎 중간 없는 데서 이러-히 응하니
취하고 버림이란 애당초 없다네

하루 온종일 시간이 다하도록
헤아리고 분별한 그 모든 생각들이
옛 부처 낳기 전의 오묘한 소식임을
듣고서 의심 않고 믿을 이 누구인가!

此身運轉是何物
疑端汨沒三夏來
松頭吹風其一聲
忽然大事一時了

何謂靑天何謂地
當體淸淨無邊外
無內外中應如是
小分取捨全然無

一日於十有二時
悉皆思量之分別
古佛未生前消息
聞者卽信不疑誰

대원 문재현 선사님의 스승이신 불조정맥 제77조 조계종(曹溪宗) 전강(田岡) 대선사님께서 1962년 대구 동화사의 조실로 계실 당시 대원 문재현 선사님께서도 동화사에 함께 머무르고 계셨다.

하루는, 전강 대선사님께서 대원 선사님의 3연으로 되어 있는 제1오도송을 들어 깨달은 바는 분명하나 대개 오도송은 짧게 짓는다고 말씀하셨다. 이에 대원 선사님께서는 제1오도송을 읊은 뒤, 도솔암을 떠나 김제들을 지나다가 석양의 해와 달을 보고 문득 읊었던 제2오도송을 일러드렸다.

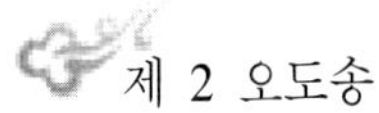
제 2 오도송

해는 서산 달은 동산 덩실하게 얹혀 있고
김제의 평야에는 가을빛이 가득하네
대천이란 이름자도 서지를 못하는데
석양의 마을길엔 사람들 오고 가네

日月兩嶺載同模
金提平野滿秋色
不立大千之名字
夕陽道路人去來

　제2오도송을 들으신 전강 대선사님께서는 이에 그치지 않고 그와 같은 경지를 담은 게송을 이 자리에서 즉시 한 수 지어볼 수 있겠냐고 하셨다. 대원 선사님께서는 곧바로 다음과 같이 읊으셨다.

바위 위에는 솔바람이 있고
산 아래에는 황조가 날도다
대천도 흔적조차 없는데
달밤에 원숭이가 어지러이 우는구나

岩上在松風
山下飛黃鳥
大千無痕迹
月夜亂猿啼

　전강 대선사님께서는 위 송의 앞의 두 구를 들으실 때만 해도 지 긋이 눈을 감고 계시다가 뒤의 두 구를 마저 채우자 문득 눈을 뜨 고 기뻐하는 빛이 역력하셨다.

　그러나 전강 대선사님께서는 여기에서도 그치지 않고 다시 한 번 물으셨다.

　“대중들이 자네를 산으로 불러내고 그 중에 법성(향곡 스님 법제자 인 진제 스님)이 달마불식(達磨不識) 도리를 일러보라 했을 때 ‘드러 났다’고 답했다는데, 만약에 자네가 당시의 양무제였다면 ‘모르오’ 라고 이르고 있는 달마 대사에게 어떻게 했겠는가?”

　대원 선사님께서 답하셨다.

　“제가 양무제였다면 ‘성인이라 함도 서지 못하나 이러-히 짐의 덕화와 함께 어우러짐이 더욱 좋지 않겠습니까?’ 하며 달마 대사의 손을 잡아 일으켰을 것입니다.”

　전강 대선사님께서 탄복하며 말씀하셨다.

　“어느새 그 경지에 이르렀는가?”

　“이르렀다곤들 어찌 하며, 갖추었다곤들 어찌 하며, 본래라곤들 어찌 하리까? 오직 이러-할 뿐인데 말입니다.”

대원 선사님께서 연이어 말씀하시자 전강 대선사님께서 이에 환희하시니 두 분이 어우러진 자리가 백아가 종자기를 만난 듯, 고수 명창 어울리듯 화기애애하셨다.

달마불식 공안에 대한 위의 문답은 내력이 있는 것이다. 전강 대선사님께서 대원 선사님을 부르기 며칠 전에, 저녁 입선 시간 중에 노장님 몇 분만이 자리에 앉아있을 뿐 자리가 텅텅 비어 있었다고 한다.

대원 선사님께서 이상히 여기고 있던 중, 밖에서 한 젊은 수좌가 대원 선사님을 불렀다. 그 수좌의 말이 스님들이 모두 윗산에 모여 기다리고 있으니 가자고 하기에 무슨 일인가 하고 따라가셨다.

그러자 그 자리에 있던 법성 스님이 보자마자 달마불식 법문을 들고 이르라고 하기에 지체없이 답하셨다.

"드러났다."

곁에 계시던 송암 스님께서 또 안수정등 법문을 들고 물으셨다.

"여기서 어떻게 살아나겠소?"

대뜸 큰소리로 이르셨다.

"안·수·정·등."

이에 좌우에 모인 스님들이 함구무언(緘口無言)인지라 대원 선사님께서는 먼저 그 자리를 떠나 내려와 버리셨다.

그 다음날 입승인 명허 스님께서 아침 공양이 끝난 자리에서 지난 밤 입선시간 중에 무단으로 자리를 비운 까닭을 묻는 대중 공사를 붙여 산 중에서 있었던 일들이 낱낱이 드러나고 말았다. 그리하여 입선시간 중에 자리를 비운 스님들은 가사 장삼을 수하고 조실인 전강 대선사님께 참회의 절을 했던 일이 있었다.

전강 대선사님께서는 이때에 대원 선사님께서 달마불식 도리에 대해 일렀던 경지를 점검하셨던 것이다.

이런 철저한 검증의 자리가 있었던 다음 날, 전강 대선사님께서 부르시기에 대원 선사님께서 가보니 주지인 월산(月山) 스님께서 모든 것이 약조된 데에서 입회해 계셨으며 전강 대선사님께서는 곧바로 다음과 같이 전법게(傳法偈)를 전해주셨다.

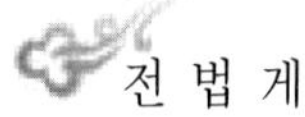 전 법 게

부처와 조사도 일찍이 전한 것이 아니거늘
나 또한 어찌 받았다 하며 준다 할 것인가
이 법이 2천년대에 이르러서
널리 천하 사람을 제도하리라

佛祖未曾傳
我亦何受授
此法二千年
廣度天下人

덧붙여 이 일은 월산 스님이 증인이며 2000년까지 세 사람 모두 절대 다른 사람이 알게 하거나 눈에 띄게 하지 않아야 한다고 당부하셨다.

만약 그러지 않을 시에는 대원 선사님께서 법을 펴 나가는데 장애가 있을 것이라고 예언하셨다. 또한 각별히 신변을 조심하라 하시고 월산 스님에게 명령해 대원 선사님을 동화사의 포교당인 보현사에 내려가 교화에 힘쓰게 하셨다.

대원 선사님께서 보현사로 떠나는 날, 전강 대선사님께서는 미리 적어두셨던 부송(付頌)을 주셨으니 다음과 같다.

 부 송

어상을 내리지 않고 이러-히 대한다 함이여
뒷날 돌아이가 구멍 없는 피리를 불리니
이로부터 불법이 천하에 가득하리라

不下御床對如是
後日石兒吹無孔
自此佛法滿天下

위의 송의 '어상을 내리지 않고 이러-히 대한다 함이여'라는 첫째 줄 역시 내력이 있는 구절이다.

전에 대원 선사님께서 전강 대선사님을 군산 은적사에서 모시고 계실 당시 마당에서 홀연히 마주쳤을 때 다음과 같은 문답이 있었다.

전강 대선사님께서 물으셨다.

"공적(空寂)의 영지(靈知)를 이르게."

대원 선사님께서 대답하셨다.

"이러-히 스님과 대담(對談)합니다."

"영지의 공적을 이르게."

"스님과의 대담에 이러-합니다."

"어떤 것이 이러-히 대담하는 경지인가?"

"명왕(明王)은 어상(御床)을 내리지 않고 천하 일에 밝습니다."

위와 같은 문답 중에 대원 선사님께서 답하신 경지를 부송의 첫째 줄에 담으신 것이다.

전강 대선사님께서 대원 선사님을 인가(印可)하신 과정을 볼 때 한 번, 두 번, 세 번을 확인하여 철저히 점검하신 명안종사의 안목에 탄복하지 않을 수 없으며 이에 끝까지 1초의 머뭇거림도 없이 명철하셨던 대원 선사님께 찬탄하지 않을 수 없다.

그리하여 법열로 어우러진 두 분의 자리가 재현된 듯 함께 환희용약하지 않을 수 없다.

이제 전강 대선사님과 약속한 2천년대를 맞이하였으므로 여기에 전법게를 밝힌다.

이로써 경허, 만공, 전강 대선사님으로 내려온 근대 대선지식의 정법의 횃불이 이 시대에 이어져 전강 대선사님의 예언대로 불법이 천하에 가득할 것이다.

바로보인 불법 ⑩

바로보인 선문염송(禪門拈頌)

21

대원 문재현 선사 역저

『선문염송(禪門拈頌)』은 『전등록(傳燈錄)』과 더불어 세계 최대의 공안집(公案集)이다. 중국에서 출간된 『경덕전등록(景德傳燈錄)』의 양억이 쓴 서문에 의하면 경덕전등록 전30권에는 1,701명의 선사님이 실려 있다.

그런데 선사님 한 분의 어록 안에 여러 공안이 실려 있으므로 전체 공안의 수는 책에 실린 선사님의 수보다 훨씬 많다고 할 것이다.

『선문염송』 역시 본 공안만 해도 1,463칙으로 이루어져 있다. 게다가 각 공안마다 많게는 수십 분, 적게는 한두 분 선사님의 법문과 송(頌)이 딸려 있고, 각 법문과 송에 또한 많은 공안도리가 숨어 있으니 그것들을 다 든다면 만 여 공안이 넘어 오히려 『전등록』의 공안 수를 훨씬 웃돌 것이라고 본다.

이러한 보배 중의 보배가 설두(雪竇) 선사님의 후신이라고 일컬어지는 고려 진각(眞覺) 국사님에 의해 완성되어 우리나라에서 초유로 간행되었으니 자랑스러운 일이라 아니할 수 없다.

『선문염송』을 보며 석가모니 부처님께서 병에 따라 약을 주시듯 근기에 따라 갖은 방편을 다하여 자유자재 수행인을 제접하신 바가 참으로 희유한 법인 공안도리를 이루게 되었다는 것에서 새삼 경외감을 느꼈다. 또한 설두 선사와 진각 국사 두 몸에 걸쳐 끝내 이 공안집의 완성을 이루신 그 서원에 감동하였다.

그러하니 혼자 몸으로 이『선문염송』의 전 공안을 번역하고 평하여 바로 보이신 스승님의 지혜와 자비, 원력에 어찌 찬탄의 말씀을 드리지 않을 수 있을까.

『선문염송』은 앞에서도 이야기했듯 우선 본칙부터 전 공안을 망라하다시피 한 방대한 양이며 이에 대해 많은 선사님들의 법문까지 결집해 놓은 터라 부처님으로부터 각 선사님들의 법 쓰시는 바를 손바닥 들여다보듯 하지 않고는 제대로 번역할 수가 없다.

그러므로 이것은 번역이 아니라 다시금 보이셨다는 말이 걸맞을 것이다.

'양구(良久)'라는 한마디도 어떻게 번역하느냐에 따라 수행인이 더욱 분명히 공안을 참구하는 계기가 되는 것이다. 선사님들이 말없이 계시는 내역을 바로 짚기란 여간 어려운 것이 아닌데 스승님께서는 이를 의로(意路)에 따라 읽어내어 '잠잠히 있다가' 혹은 '말없이 보이고'로 번역하셨다.

또한 양구의 내역뿐 아니라 법문의 어디에 선사님들의 참 의중인 공안이 숨어있는가를 고스란히 드러내어 그 공안을 바로 참구할 수 있게끔 번역하셨으니 공안참구의 길잡이 역할을 하셨다는 것을 독자들은 바로 알아차릴 수 있을 것이다.

게다가 난해하기로 유명한 『선문염송』, 어떤 선사도 감히 전 공안에 대해 입을 벌리지는 못했는데 스승님께서는 최초로 전 공안에 취모검 휘두르기를 두려워하지 않으셨다.

한마디로 일체종지를 통달한 이가 아니고는 애시당초 엄두도 내지 못할 일을 거침없이 각 칙마다 일러가셨으니 그 통달한 지혜에 누군들 탄복하지 않을 수 있을까.

더불어 평생에 걸쳐서라도 이 공안집 30권을 바로 보이시겠다는 스승님의 원력과 노고를 잊을 수가 없다. 당신이 아니면 할 수 없는 일이라는 사명감에 국제선원을 짓는 불사와 전국의 제자를 가르치는 와중에도 1992년도부터 9년째 『선문염송』 작업을 놓지 않으셨다.

지금도 눈에 환히 떠오르는 것은 주말마다 선원에 가면 밤늦게까지 불켜진 스승님의 방, 방문을 열면 책상 앞에서 『선문염송』 작업을 하다가 고개를 들어 웃어주시며 피곤한 눈가에 맺힌 눈물을 닦아내시던 스승님의 모습이다.

하루에도 여러 번 불사현장을 오가느라 지친 몸에도 작업을 보면 떨치고 일어나 앉으셨다. 그때마다 얼마나 죄스럽고 안타까운 마음이었던가.

『바로보인 전등록』 전 30권의 완역과 더불어 이 『바로보인 선문염송』 30권의 역저로 스승님의 번개 같은 지혜와 후학자를 위한

자비의 빛이 제불보살님, 뭇 선사님들의 광휘와 더불어 스러지지
않을 것을 믿는다.

『선문염송』 30권 중 1권은 대부분 석가모니 부처님께서 보이신
공안으로 이루어져 있다. 당시에 이러한 공안도리로써 제접하셨다
니 부처님께서는 시공을 초월한 분이란 것을 증명한 대목이라 아
니할 수 없다.
　그럼에도 불구하고 공안도리가 마치 석가모니 부처님 당대에는
없었던 조사님들만의 특별한 법인 양 말씀하시는 분들이 많은 것
이 안타깝다.
　조사님들이 최상승인 조사선 도리로 제창하셨다 하나 부처님과
비교하는 것은 당초에 어리석은 논의라고 본다.
　부처님께서 영산회상에서 꽃 들어 보인 소식 하나만 보더라도 그
러하다. 여기 어찌 조사선, 여래선을 논하랴.

꽃 들어 보임에 온통 법계라
가섭이 미소지음 흔연히 나뉨없어
이 소식 알런가
덩실 덩실 더덩실

2000년 9월 1일

진성(眞性) 윤주영(尹柱瑛)

  말세가 되어 마(魔)는 강해지고 법(法)은 쇠약해져 사법(邪法)을 추구하는 사람들이 늘어나면서 사법이 무성해지고 세상이 혼란해지니 그 어느 때보다도 정법(正法)이 요구되는 시점이다. 그래서 미력하나마 감히 어둠을 밝히는 등불이 되기를 결심한 터였다.

  그런데 부산에 사는 하목원님이 염송번역 본문 두어 권을 가지고 와서 '내가 보아도 번역을 이렇게 해서 되겠나 하는 대목이 많아서 가져왔습니다. 아무리 교화에 바쁘시더라도 스승님께서 틈을 내셔서 번역을 하셔야 되겠습니다.'라고 간곡히 청하여 『선문염송』 번역에 착수하게 되었다.

  부처님과 조사님들의 가르침은 오직 깨달음에 뜻이 있다. 그 가르침의 진수만을 진각 국사께서 가려 결집해 놓은 것이 바로『선문염송』이다. 이 주옥 같은 공안들을 누구나 볼 수 있어야 하는데 한문 원본으로 있거나 부처님들과 조사님들의 근본 뜻과는 먼 번역본들뿐이니 어떠한 일이 있어도 금생에 완역을 하여 불조의 뜻을 바로 보게 하겠다는 맹세를 스스로 하게 되었다.

그러나 막상 번역에 착수하고 보니 오자는 아님에도 여러 본을 구해놓고 보아도 뜻이 통하지 않는 대문이 많았다. 그럴 때마다 국내 대형 서점을 돌아다니며 옛 한자사전 또는 대형 한자사전을 구해서 조사님 당대에는 그 글자가 어떠한 뜻으로 쓰였는가를 찾고, 그것이 위아래 뜻에 통하는가 관조하여 불조(佛祖)의 본 뜻에 어긋나지 않는 번역이 되도록 최선을 다하였다.

그러나 혹 미비한 점이 있다면 강호제현님들의 명안책언(明眼嘖言)이 있기를 바란다.

이 책이 나오기까지 편집·윤문에 진성 윤주영, 제작·교정에 도명 정행태, 진연 윤인선이 수고한 바에 깊이 감사한다.

또한 이 책을 보는 이들 모두가 성불(成佛)로 회향(回向)되기만을 빈다.

어떻게 회향할 것인가?

옥녀봉 위 흰 구름 한가롭고
광암의 저수지 짙푸르다
진연아, 차 한 잔 내오렴

단기(檀紀) 4333년

불기(佛紀) 3027년

서기(西紀) 2000년

무등산인 대원 문재현
(無等山人 大圓 文載賢)

차 례

일러두기

1. 장설봉(張雪峰) 선사님께서 현토한 본을 가지고 번역하되 뜻이 통하지 않는 곳은 동국대 역경원본, 백봉(白峯) 거사본을 모두 참고하여 오자가 없고 본 공안 이치에 어김이 없도록 최선을 다하였다.

2. 위와 같이 여러 본을 두루 살펴보아도 뜻이 통하지 않는 경우에는 그 조사(祖師) 당시에 그 글자가 어떤 뜻으로 쓰였는지 옛 한자 사전을 찾아 번역하였다.

3. 특별한 일화나 선가(禪家)에서 두루 쓰였던 용례를 모르고는 번역할 수 없는 것들은, 중국의 고사성어 사전이나 일본과 중국의 최대 표제어의 선어사전(禪語辭典)에서 찾아 번역하였다.

4. 원문의 한자는 오자(誤字)가 적은 장설봉 선사님께서 현토한 본을 기본으로 입력하였으나, 고자(古字)가 많아서 입력이 어려운 경우 현대에 널리 쓰이는 동자(同字)를 취하여 입력하였다. 또한, 장설봉 현토본에도 오자가 있을 때에는 동국대 역경원본을 참고하였다.

5. 각 칙마다 역저자인 대원 문재현 선사님의 도움말과 시송을 더하여 공안의 본 뜻을 들추어내 놓았다.

6. 제목은 본칙의 핵심이 되는 공안도리로 다시 정하였다. 그것이 마땅치 않을 때는 무엇에 대해 문답하고 있는지를 살펴서 문답의 주제나 소재를 제목으로 하였다.

855칙 산양이 뿔을 걸 때

 본 칙

홍주 운거 도응 선사가 대중에게 보이고 말하였다.

"어떤 사람이 세 관의 돈을 가지고 한 마리의 사냥개를 사서 다만 종적만이라도 찾으려 하나, 산양이 뿔을 걸 때[1]엔 자취가 보이지 않을 뿐 아니라 숨소리조차 알지 못한다."

어떤 선승이 곧장 물었다.

"산양이 뿔을 걸기 전엔 어떠합니까?"

운거 선사가 말하였다.

"육육은 삼십육이니라."

선승이 다시 물었다.

"뿔을 건 뒤엔 어떠합니까?"

운거 선사가 다시 말하였다.

"육육은 삼십육이니라."

선승이 절을 하자 운거 선사가 말하였다.

"알겠는가?"

---

1) 산양이 뿔을 걸 때 : 본초(本草)에 '산양은 잠을 잘 때 뿔을 나무에 걸어 발이 땅에 붙어있지 않다.'라고 되어 있다.

선승이 대답하였다.

"모르겠습니다."

"듣지 못했는가? 자취가 없다 했느니라."

나중에 어떤 선승이 조주 선사에게 이를 이야기했더니, 조주 선사가 말하였다.

"운거 사형이 그런 것이 있구나."

선승이 물었다.

"산양이 뿔을 걸 때는 어떠합니까?"

조주 선사가 말하였다.

"구구는 팔십일이니라."

洪州雲居道膺禪師 示衆云 如人 將三貫錢 買一隻獵狗 但尋得有蹤跡底 若遇羚羊掛角時 非但不見蹤迹 氣息也不識 僧便問 羚羊未掛角時如何 師曰 六六三十六 僧云 掛角後如何 師云 六六三十六 僧便作禮 師云 會麼 僧曰不會 師云 不見道 無蹤迹 後 有僧 擧似趙州 州云 雲居師兄 猶在 僧 便問 羚羊掛角時如何 州云 九九八十一

∽ 천복일 선사 송

산양이 뿔을 걸자 구봉[2]을 향했던
사냥개가 어리둥절하여 자취를 못 보더라
그러나 석교의 다리 가의 노장은
삼천리 밖에서도 만날 줄 안다

薦福逸 頌
羚羊掛角向甌峯
獵狗茫然不見蹤
却是石橋橋畔老
三千里外解相逢

---

2) 운거산에 구봉(甌峯)이 있다.

좋구나! 육육은 삼십육이라 함
자취를 찾는 사냥개야 어찌 알리오
설사 글발이 주옥같다 할지라도
산양이 뿔을 걸 때와 어찌 같으랴

承天宗 頌
好是六六三十六
尋蹤獵犬豈能知
假饒詞句如珠玉
爭似羚羊掛角時

산양이 뿔을 걸 때
육육은 삼십육이라
가난한 아이가 옛 돈을 얻었고
여윈 말이 마른 조를 먹는다
참선하는 사람들께 알리노니
무생곡을 들으시오
지난 밤에 불길이 허공을 사르는데
불 속에 뛰어들어 목욕을 했네

智海清 頌
羚羊掛角時
六六三十六
貧兒得古錢
瘦馬飡枯粟
報與叅玄人
聽取無生曲
昨夜火燒空
跳入火中浴

운거가 육육은 삼십육이라 현묘하게 주창하자
조주는 팔십일로 온전히 제시했네
산양이 뿔을 걸어 자취가 없거늘
사냥개는 컹컹대며 어느 곳을 찾는가
찾을 곳이 없음이여
다시 소식을 통하게 했다고도 말하지 말라
지는 놀에 외로운 따오기가 가지런히 날고
가을 물은 먼 하늘과 한 빛깔일세

白雲昺 頌
雲居妙唱三十六
趙老全提八十一
羚羊掛角無蹤迹
獵犬嗷嗷何處覓
無處覓
不辭更爲通消息
落霞與孤鶩齊飛
秋水共長天一色

육육은 삼십육이여

두 왕비의 눈물이 소상강의 대〔竹〕를 물들였다[3]

구구는 팔십일이여

양주의 장사하는 오랑캐가 피리를 부네

피리를 붊이여

육육과 구구, 소식이라 할 것도 없네

가을바람 불어서 갈대꽃을 흔든다

悅齋居士 頌

六六三十六

雙妃淚染湘江竹

九九八十一

楊州賈胡橫羌笛

橫羌笛

六六九九無消息

秋風成陣吹蘆荻

---

3) 요순시대. 요황제의 딸들 아황, 여영은 순황제에게 시집을 가서 행복하게 지내던 중 순이 전국의 수로를 개발하기 위해 떠났다가 돌아오지 않자 만리길을 걸어 천신만고 끝에 순을 찾아갔다. 그러나 이미 순은 죽은 사람이었다. 이 소식을 접하고 두 왕비가 눈물을 흘렸다는 고사가 있다.

ᚙ 낭야각 선사가 이 칙을 들고 말하였다.

운거 선사가 이렇게 일러 끌어가는 것이 마치 여덟 자 베적삼에 소매는 열두 자인 것 같구나.

琅琊覺 拈 雲居恁麽稱提 大似八尺布衫 丈二袖

℃ 법진일 선사가 이 칙을 들고, 이어서 어떤 선승이 장경 선사에게 "산양이 뿔을 걸기 전엔 어떠합니까?" 묻자 장경 선사가 "풀 속의 사람이다." 하고, 선승이 다시 "뿔을 건 뒤엔 어떠합니까?" 하니 장경 선사가 "어지럽게 부르짖느니라." 하고, 선승이 다시 "끝내 어떠합니까?" 하니 장경 선사가 "나귀의 일이 끝나기도 전에 말의 일이 도래했느니라." 한 것을 들고 말하였다.

이 세 존숙의 대화를 평해보라. 남을 위하는 뜻이 어디에 있는가? 산양이 뿔을 건 뒤가 뿔을 걸지 않은 때와 같은가, 다른가?

法眞一 擧此話 連擧僧 又問長慶 羚羊未掛角時如何 慶云 草裏漢 掛角後如何 慶云 亂叫喚 僧云 畢竟如何 慶云 驢事未去馬事到來 師云 此三尊宿對話 且道 爲人 在甚麽處 祇如羚羊掛角後 與未掛角時 是同 是別

 대원 문재현은 이 칙을 모두 들고나서 이르노라.

나라면 산양이 뿔을 걸기 전을 물었을 때도 한 대 때렸을 것이고,
산양이 뿔을 건 후를 물었을 때도 한 대 때렸을 것이다.
앞의 때림과 뒤의 때림을 같다 하겠는가, 다르다 하겠는가?

856칙 염하는 것이 무슨 경이냐

 본 칙

운거 선사가 어떤 선승에게 물었다.

"그대는 무슨 경을 염하는가?"

"유마경입니다."

운거 선사가 다시 물었다.

"유마경을 물은 것이 아니다. 염하는 그것이 무슨 경이냐는 말이다."

그 선승이 이로부터 깨달았다.

雲居 問僧 闍梨念底是什麼經 對曰維摩經 師曰不問維摩經 念底是什麼經 其僧從此得入

유마경을 물은 것이 아니라 염하는 것이 무엇인고?
신라의 새매가 하늘을 뚫고 지나갔다
지팡이로 때려서 영험하다는 조왕신을 없앤
숭산 파조타를 경탄하네

蔣山泉 頌
不問維摩念甚麽
新羅鷂子穿雲過
杖頭擊着沒威靈
惆悵嵩山破竈墮

∽ 천장선 선사 송

경을 물은 것이 아니라 유마경 염하는 것을 물었다 함이여
염하는 것을 분명히 보았는가?
티끌 수효의 법문에 들고자 하니
늘어놓을 것 없이 한마디로 연출했네

天章善 頌
問經不問念維摩
念底分明見也麼
欲入塵沙法門海
一言演出不須多

∽ 천동각 선사 송

유마경을 물은 것이 아니라
보는 것이 무슨 경인가?
대천세계의 경전을 꺼내어
세속의 정을 쳐부수니
물속의 소금 맛이요
단청색 속의 아교일세
기틀 이전의 계위라 묘하여 이름지을 수 없고
형상을 초월하여 이러-해서 형언할라치면 어긋나는데
다시 진흙 덩어리와 눈동자를 바꾸랴

天童覺 頌
不問維摩經　　看底甚麽經
大千卷出　　　破塵情
水中鹽味　　　色裏膠淸
機前有路妙難名　纔形言像迢然去
又是泥團換眼睛

∞ 무위자 선사 송

염하는 것이 유마경임을
한 번 들 때에 한 번 자세히 하니
고향에 돌아가지 못했던 앵무새가
도회지 말을 심히 분명하게 하네

無爲子 頌
念底是維摩經
一廻擧着一廻精
鸚鵡故鄕歸不得
大都言語大分明

 대원 문재현은 이 칙을 모두 들고나서 이르노라.

“염(念)한다면 그 어찌 경이라 하겠습니까? 이러-할 뿐입니다.” 했
어야 했다.

857칙 어디로부터 왔는가

 본 칙

운거 선사에게 유우단공이 물었다.

"비가 어디로부터 옵니까?"

운거 선사가 대답하였다.

"단공의 묻는 곳으로부터 오느니라."

단공이 절을 세 번 하고 기뻐하면서 물러가거늘, 몇 걸음 간 뒤에 운거 선사가 불렀다.

"단공이여!"

단 공이 고개를 돌리니 운거 선사가 물었다.

"물음이 어디로부터 왔는가?"

단공이 말이 없더니, 집에 돌아간 지 3일 만에 죽었다.

(어떤 노숙이 대신 말하기를 "아까 무어라 하셨지요?" 하였고, 귀종유가 특별히 말하기를 "화상께서 두세 번 말씀해 주시니 감사합니다." 하였다.)

雲居 因劉禹端公 問 雨從何來 師云 從端公問處來 端公 遂禮三拜
歡喜而退 行數步 師召云 端公 公 廻首 師云 問從何來 端公 無語(有
老宿代云 適來道什麼 歸宗柔別云 謝和尙再三) 歸家三日而死

비가 어디로부터 왔으며
바람은 어떤 빛깔인가
용문 폭포의 만 길 높이에서
일찍이 묵었던 나그네라
올라가고 떨어지고를 같이 하나
누가 이마를 다쳤다 하랴

雪竇顯 頌
雨從何來
風作何色
龍門萬仞
曾留宿客
進退相將
誰遭點額

∽ 천동각 선사 송

단공의 묻는 곳에서 왔느니라 하여
곧바로 펴서 우회함이 없었네
선재가 곳곳에서 미륵을 만남이여
손가락 튕겨 소리내니 누각이 열렸네

天童覺 頌
端公問處來
徑直勿迂廻
善財處處逢彌勒
彈指作聲樓閣開

◌ 천동각 선사가 다시 송하였다.

비가 어디로부터 옵니까?
묻는 곳을 여의지 않았느니라
삼라만상과 대천세계가
마음에서 나왔다
비치는 가운데 비었고
고요한 가운데 움직인다
납자의 분상에 항상 서로 함께함이여
찬 이슬이 솔을 적시는 밤 공기가 맑은데
학이 달집에서 꿈꾸다가 놀라 일어난다

又頌
雨從何來　　　　不離所問
森羅大千　　　　出乎方寸
照中之虛　　　　靜中之動
衲僧分上常相共　寒露濡松夜氣淸
皐禽驚起月巢夢

∽ 천의회 선사가 이 칙을 들고 말하였다.

지금 누군가가 한마디 이를 수 있겠는가? 만일 이른다면 유우단 공만을 구제할 뿐 아니라 운거 화상도 구제할 것이요, 만일 이르지 못한다면 건곤과 대지가 오직 관(棺) 재목일 뿐이리라.

天衣懷 擧此話云 而今 還有人 道得一轉語麼 若道得 非唯救得劉禹 端公 亦乃救得雲居和尙 若道不得 盡乾坤大地 只是介棺材

∽ 운문고 선사가 상당하여 이 칙을 들고 말하였다.

유우단공이 말없이 집으로 돌아가서 3일 만에 죽었으니, 이는 홍각(운거) 선사가 유우단공의 앓는 곳을 바로 긁어준 것은 되나, 몸을 굴리는 한 가닥 길을 몰랐다.

애초에 운거 선사가 "물음이 어디로 좇아 왔는가?" 하였을 때에 유우단공이 다만 전과 같이 세 번 절하고 환희하며 물러났다면 홍각 선사로 하여금 30년을 더 의심케 했을 것을.

雲門杲 上堂 擧此話云 劉禹端公 無語歸家 三日而死 正爬着洪覺痒處 只是不知轉身一路 當初 待伊道問從何來 但依前禮三拜 歡喜而退 且敎洪覺 疑三十年

 대원 문재현은 이 칙을 모두 들고나서 이르노라.

운거 선사가 이름을 부르며 "물음이 어디로 좇아 왔는가?" 할 때 단공은 "제 이름을 부름으로 족하거늘 보태는 말이 있어서 용두사미가 되었군요."라고 했어야 했다.

858칙 무엇이기에 그렇게 말하기 어렵습니까

 본 칙

운거 선사에게 신라의 선승이 물었다.

"이것이 무엇이기에 그렇게 말하기 어렵습니까?"

운거 선사가 말하였다.

"무슨 말하기 어려움이 있으리오."

선승이 말하였다.

"그러면 화상께서 말씀해 주십시오."

운거 선사가 말하였다.

"신라! 신라니라."

雲居 因新羅僧 問 是什麼 得恁難道 師云 有什麼難道 僧云 便請和
尙道 師云 新羅新羅

ᏪᏋ 황룡신 선사가 상당하여 이 칙을 들고 말하였다.

운거 선사가 신라의 선승을 보려면 아직 나루터 하나가 막혀 있
다.”

黃龍新 上堂 擧此話云 雲居 要見新羅僧 猶隔津在

∽ 천동각 선사가 소참 때에 이 칙을 들고 이어 황룡 선사가 이 칙을 들어 말한 것을 들고 말하였다.

형제들이여, 역시 황룡 노장이라야 된다 하나 내가 오늘 밤 길에서 옳지 못함을 보았기에 운거 선사의 숨구멍을 틔워주고자 하노라.

자세히 점검하건대 황룡 선사가 운거 선사를 보려면 아직 산봉우리가 막혀 있도다. 대중 가운데 황룡 선사를 마땅치 않게 여기는 이는 없는가? 나와서 나와 만나자. 있는가? 없다면 오늘 밤에 거듭 쪼개고 가르는 것을 면할 수 없겠구나.

운거 선사가 그렇게 말한 것은 그 선승이 벗어나지 못할까 걱정했기 때문이요, 황룡이 이렇게 말한 것은 또 후인들이 돌아오지 못할까 걱정했기 때문이다. 내가 말하기를 아직 산봉우리가 막혔다 한 것은 또 무슨 뜻인가? 행여라도 잘못에 잘못을 보태지 말라.

天童覺 小叅 擧此話 連擧黃龍拈 師云 兄弟 也須是黃龍老漢 始得
覺上座 今夜 路見不平 欲與雲居 出氣 子細點檢將來 黃龍 要見雲居
猶隔嶺在 衆中 莫有爲黃龍不甘底麽 出來與覺上座相見 有麽 若無
今夜 不免重爲劈析去也 雲居恁麽荅 但恐者僧出不得 黃龍恁麽道 又
恐後人歸不得 覺上座 道介猶隔嶺在 又作麽生 切忌將錯 就錯

 대원 문재현은 이 칙을 모두 들고나서 이르노라.

당시 말해달라고 할 때 이 사람이라면 "일러주지 않은 것이 없거
늘 아직껏 보지도 듣지도 못했단 말인가?" 했을 것이다.

859칙 승가(僧家)

본 칙

운거 선사에게 어떤 선승이 물었다.

"승가가 끝내 어떠합니까?"

운거 선사가 대답하였다.

"산에 사니 좋다."

선승이 절을 하자 운거 선사가 물었다.

"그대는 어떻게 생각하는가?"

선승이 말하였다.

"출가한 사람이 선·악·역·순·생·사의 경계에 산과 같이 요동하지 않아야 됩니다."

운거 선사가 때리면서 말하였다.

"옛 성인들을 저버리고 우리 자손들을 멸망시키는구나."

그리고는 다시 곁의 선승에게 물었다.

"그대는 어떻게 생각하는가?"

선승이 대답하였다.

"눈에는 하늘땅도 보이지 않고, 귀에는 아름다운 소리도 들리지 않습니다.”

운거 선사가 또 때리면서 말하였다.

“옛 성인을 저버리고 우리 자손들을 멸망시키는구나.”

雲居 因僧問 僧家畢竟如何 師云 居山好 僧 便作禮 師云 汝作麼生
會 僧云 出家人 於善惡逆順生死境界 如山之不動 師便打云 辜負先
聖 喪我兒孫 師復問傍僧 你作麼生會 僧云 眼不見玄黃之色 耳不聞
絲竹之聲 師又打云 辜負先聖 喪我兒孫

∽ 투자청 선사 송

우뚝 솟은 차아산 만길의 벼랑이 가로질러
사방에 길이 없어 통행할 수 없어
옛부터 해달빛도 이르지 못했는데
깊은 밤 왕노사가 서봉(西峰)으로 드시네

投子靑 頌
磋砑嵯峨萬仞橫
四邊無路不通行
自古兩輪光不到
夜深王老入西岑

∽ 백운병 선사 송

승가가 끝내 어떠냐고 물으니 산에 사니 좋다 함이여
산양이 뿔 걸었으니 어떻게 찾을꼬
수행인이여, 갈림길이라서 어렵다고 말을 말라
눈앞의 그대로가 장안의 길이니라
만 리 평지에 한 치의 풀도 없거늘
소리에서 찾고 자취나 쫓는 이들 삼대같이 많아서
결국 운거 노인을 저버리네

白雲昺　頌
僧家畢竟居山好
掛角羚羊何處討
行人休說路歧難
目前便是長安道
萬里平田無寸草
尋聲逐迹數如麻
到頭辜負雲居老

∽ 황룡남 선사가 상당하여 이 칙을 들고 말하였다.

어떻게 일구를 이르면 옛 성인들을 저버리지 않고, 후손들을 멸
망시키지 않겠는가?

누군가 이른다면 도처의 청산이 도량 아님이 없거니와, 만일 이
르지 못하면 추위와 더위가 있어 그대의 수명을 재촉하고, 귀신이
있어 그대의 복을 시기하리라.

(불자로 선상을 치다.)

黃龍南 上堂 擧此話云 且作麽生道得一句 不辜先聖 不喪兒孫 若人
道得 到處靑山 無非道場 若道不得 有寒暑兮促君壽 有鬼神兮妬君福
以拂子擊禪床

∽ 고목성 선사가 상당하여 말하였다.

여러분! 옛사람은 그렇게도 쉬웠거늘 지금 사람은 이렇게도 어렵
도다. 홍각 선사가 남을 위하던 곳을 아는가? 만일 모른다면 향산
에게도 게송이 있도다.

보고 듣는 물건물건마다 모두가 티끌이라 하여
몸과 마음이 재와 같이 찬 것을 부끄러워하노라
문을 닫고 세속 손님 막으려 하지 않거늘
여기에 능히 몇 사람이 올 수 있을꼬?
참!

枯木成　上堂　擧此話云　諸仁者　古人　得與麼簡易　今人　得與麼艱難
還知弘覺爲人處麼　若不知　香山　有頌
　見聞物物盡塵埃
　慚愧身心冷似灰
　閉戶不須防俗客
　此中能有幾人來
　叅

∽ 천동각 선사가 소참 때에 이 칙을 들고 말하였다.

어떤 이는 "산은 변치 않는 몸으로 짙푸르다." 하지만 무슨 교섭이 있으리오. 또 어떤 이는 "흰 구름의 한 겹, 또 한 겹이 이 속의 시절이다." 하니, 무슨 교섭이 있으리오.

만일 "산에 사니 좋다." 한 말을 알면 무슨 깨닫지 못할 곳이 있으리오.

기틀에 응하여 대하고, 물음에 따라 대답했으니 그 어찌 때맞춰 상응한 것이 아니랴.

그대가 만일 알아들었다고 여기거나, 짊어졌다고 여기거나, 부처라 여기거나, 법이라 여기면 곧 보았다 해도 상응치 못하리라. 이는 저가 평소에 이렇게 활용했거늘 만일 진실한 납자라면 고개를 끄덕이면서 허락할 것이요, 만일 그렇지 못하면 또다시 천 리, 만리 사이가 되리라.

天童覺 小叅 擧此話云 有底 道 山是不變之體 靑靑黯黯處去 有什麽交涉 有底道 白雲一重又一重 介是裏許時節 有什麽交涉 若會得者 居山好 有什麽不得處 應機而對 隨問而酬 豈不是恰恰相應底 你若作承當 作擔荷 作佛作法 便見不相應 是他平常伊麽用 若是眞實衲僧 點頭相許 若不伊麽 又成千里萬里去也

∽ 자수 선사가 상당하여 이 칙을 들고 말하였다.

　도인이 행하는 곳은 마치 불이 얼음을 녹이는 것 같아서 새의 길인 현묘한 길에서도 몸을 굴릴 길이 있구나.

　그 선승이 만일 이런 이라면 저가 "그대는 어떻게 생각하는가?" 하자마자 다만 말하기를 "화상께서 밭을 갈면 학인은 풀을 태우며, 화상께서 차를 달이면 학인은 땅을 쓸겠습니다." 했으리라.

　만일 이렇게 한마디 일렀더라면 설사 홍각 노인의 가풍이 바다같이 깊고, 도덕이 산같이 중하고, 소리와 빛과 형용이 범할 수 없다 해도 진실로 얼굴 가득히 웃음을 띠었으리라.

　慈受 上堂 擧此話云 道人行處 如火消冰 鳥道玄途 轉身有路 者僧 若是介漢 才見他道你作麼生會 但云 和尙 刀耕 學人 火種 和尙 煎 茶 學人 掃地 若下者一轉語 直饒弘覺老子 門深似海 道重如山 聲色 形容 不可干犯 也須敎滿面是笑

 대원 문재현은 이 칙을 모두 들고나서 이르노라.

"그대는 어떻게 생각하는가?" 할 때 "산천초목이 나보다 먼저 이
릅니다." 했더라면 운거 선사가 방망이 내리는 수고가 없었을 것이
다.

860칙 문 안에서 몸이 나오기는 쉬우나 몸 안의 문을 나오기는 어렵다

 본 칙

운거 선사가 상당하여 말하였다.

"얻은 이는 가벼이 여기지 않고, 밝힌 이는 천하게 쓰지 않고, 아는 이는 한탄하지 않고, 깨달은 이는 싫어하지 않는다. 하늘에서 내려오면 가난하고, 땅에서 솟으면 부귀하다. 문 안에서 몸이 나오기는 쉬우나 몸 안의 문을 나오기는 어렵다 하나 움직인다 해도 천 길 속에 몸을 묻음이고, 움직이지 않는다 해도 당처의 싹 남이라. 한 말씀으로 멀리 벗어나게 했으니 때를 맞아 홀로 빼어나게 함이라 말이란 많을 필요가 없으니, 많으면 쓸 곳이 없다."

雲居 上堂云 得者 不輕微 明者 不賤用 識者 不咨嗟 解者 無猒惡 從天降下則貧寒 從地湧出則富貴 門裏出身 易 身裏出門 難 動則埋身千丈 不動則當處生苗 一言 逈脫 獨拔當時 言語不要多 多則無用處

∽ 단하순 선사 송

문 앞과 집 뒤의 일, 천차만별이니
다 마쳤다 해도 오히려 집에 이르르지 못했다
명월당 앞에 그림자 없는 나무가
꽁꽁 언 눈 내린 밤에 홀연히 꽃을 피운다

丹霞淳 頌
門頭戶尾事千差
了盡猶來未到家
明月堂前無影木
嚴凝雪夜忽開花

 대원 문재현은 이 칙을 모두 들고나서 이르노라.

　당시의 제자들에게 한 수기설법이라 하더라도 이것은 도리어 어지럽게 했을 뿐이다.
　당시에 나였다면 "선사시여, 소리를 낮추시오. 쉿!"이라고 했을 것이다.

철새가 텃새 되어 못에 내린
한 쌍의 기러기가 다정하고

푸르고 푸르른 녹음 사이
꾀꼬리 이리저리 나르누나

증연아, 엽차 한 잔 내오렴
오월의 좋은 풍광 이 아니랴

861칙 천신이 볼 수 없었다

본 칙

운거 선사가 동산 삼봉의 암자에 살 때, 여러 날 큰 방 공양에 참석치 않자 동산 선사가 물었다.

“그대는 어째서 큰 방 공양에 들지 않는가?”

운거 선사가 대답하였다.

“날마다 천신이 밥을 보내왔습니다.”

동산 선사가 말하였다.

“나는 그대가 장차 이런 사람이 되리라 여겼더니, 아직도 그런 견해를 짓는구나. 저녁에 오라.”

저녁이 되어 동산 선사에게 갔더니, 동산 선사가 불렀다.

“응 사리야!”

운거 선사가 대답하니, 동산 선사가 말하였다.

“선도 생각하지 않고 악도 생각하지 않을 때, 이것이 무엇인가?”

운거 선사가 곧장 암자로 돌아가서 좌선하니, 천신이 여러 날 왔다가 볼 수가 없어서 울고 돌아갔다.

雲居 在洞山 三峰住庵時 多日不赴堂齋 山問 汝因何不赴堂齋 師云
每日有天神 送食來 山云 將謂汝是箇人 猶作者箇見解在 晚間上來
師晚至 山召云 膺闍梨 師應諾 山云 不思善不思惡 是什麽 師便歸庵
中宴坐 天神累日來不見 乃哭泣而去

∽ 대홍은 선사가 이 칙을 들고 말하였다.

운거 선사가 바로 귀신굴 속에 있었거늘 천신이 어째서 보지 못
했는가? 여러분은 날마다 올라왔다 내려갔다 하니, 대홍을 보았는
가?
눈을 떴다 해도 착(着)이요, 눈을 감았다 해도 착이니라.

大洪恩 拈 雲居 正在鬼窟裏 天神 爲什麼不見 諸人 每日上來下去
還見大洪麼 開眼也着 合眼也着

◌ 천복고 선사가 이 칙을 들고 말하였다.

여러분이여, 저 옛사람이 곧바로 심신이 이러-함을 얻었건만 귀
신에게 들켰거늘, 하물며 요즘 사람들이 종일토록 밤이 새도록 자
만을 하니, 용신과 토지신이 그대들의 마음의 좋고 나쁨을 낱낱이
엿본다. 그가 모두 엿보는 것은 그대들이 그 한 생각을 잊지 못하
기 때문이다. 지금까지 한 말의 대의는 여러분으로 하여금 참구해
배운다는 마음도 쉬고, 수행한다는 마음도 쉬어서 마치 한 덩어리
의 단단한 돌과도 같고, 불 꺼진 찬 재와도 같게 하려는 것이다.
  만일 능히 이러-하다면 도리어 서로 응할 분을 얻게 된다. 만일
그렇지 못하면 그대들이 비록 육도와 만행을 닦고, 미래의 세상이
다하도록 수행하여도 겨우 보신이나 화신불이니라.
  듣지 못했는가? 보화는 참 부처가 아니며, 설법을 하는 이도 아니
라 했느니라.

薦福古 擧此話云 諸上座 他古人 直得身心如是 尙被鬼神見 豈況你
今時人 終日竟夜 自謾 龍神土地 一一見得你手脚好之與惡 伊摠識得
爲你這一念心不忘 如今大意 只要諸人 息却叅學底心 息却修行底心
如一塊頑石頭去 如寒灰死火去 若能如是 却得相應分 若不如斯 縱你
修行六度萬行 乃至盡未來際修 只得箇報化佛 不見 云 報化 非眞佛
亦非說法者

 대원 문재현은 이 칙을 모두 들고나서 이르노라.

“선도 생각하지 않고 악도 생각하지 않을 때, 이것이 무엇인가?”
할 때 “다만 이러-함에서 지금 이렇게 마주하고 대화도 있을 뿐입
니다.” 했어야 했다.

그러지 못했기에 대홍은 선사에게 귀신굴 속 사람이라는 말을 듣
게 된 것이다.

견성에 오도가 없어도 안 되고, 오도는 견성 없이는 더더욱 있을
수 없는 것이다. 왜냐하면 오도란 오직 성품에서 비추고 씀을 한
때 하는 경지여야 하기 때문이다.

그러므로 견성오도의 경지의 분이라야 법신, 보신, 화신을 바로
갖춘 이라 할 수가 있다.

862칙 마음과 성품이 하나인가, 다른가

 본 칙

운거 선사에게 어떤 선승이 물었다.

"어떤 것이 한 법입니까?"

운거 선사가 말하였다.

"어떤 것이 모든 법인가?"

선승이 다시 말하였다.

"어떻게 알아야 합니까?"

운거 선사가 대답하였다.

"한 법은 그대의 근본 마음이요, 모든 법은 그대의 근본 성품이니라. 말해보라. 마음과 성품이 하나인가, 다른가?"

선승이 절을 하자 운거 선사가 다음과 같이 송하였다.

한 법이 모든 법의 근본이니
만법이 한 마음에 통했네
마음이 그대의 성품이니
같다거나 다르다 말하지 말 것일세

雲居 因僧問 如何是一法 師云 如何是諸法 僧云 未審如何領會 師
云 一法 是汝本心 諸法 是汝本性 且道 心之與性 是一 是二 僧 禮
拜 師乃有頌云

一法諸法宗

萬法一心通

唯心唯汝性

不說異兼同

ꕤ 육왕심 선사가 이 칙을 들고 말하였다.

자비하기 때문이나 운거 선사에게 작은 자비가 큰 자비를 방해함이 없다 할 수 없구나. "어떻게 알아야 합니까?" 하면 등줄기를 당장 때렸어야지. 알겠는가?

화산을 거령신이 손대지 않았다면, 어찌 황하가 곧바로 흘러갈 수 있었으리오.[4]

育王諶 云 慈悲之故 不無雲居 爭奈小慈 妨大慈 未審如何領會 劈脊便打 還會麽 華山 不入巨靈手 爭得黃河衮底流

4) 거령신은 전설의 거인으로 황하를 가로막고 있는 화산을 손으로 두 조각 내어 황하가 곧바로 화산을 지나갈 수 있게 했다고 한다.

 대원 문재현은 이 칙을 모두 들고나서 이르노라.

"어떻게 알아야 합니까?" 할 때 이 사람이라면 손가락을 세워 보
이고

가을하늘 맑고도 푸른데
풍성한 벼들은 금빛이고

정각의 시조가락 한가한데
내려보는 봇물의 하얀 포말

이 가운데 이렇게 마주한
이 풍광 이러-히 누려보세

했을 것이다.

863칙 이를 필요도 없다

 본 칙

운거 선사가 대중에게 보이고 말하였다.

"노승이 20년 전에 삼봉암에 있을 때였다. 위부에 사는 홍화 장로가 와서 묻기를 '방편을 빌어 한 번 물어서 풀 그림자로 삼을 때가 어떤가?' 하기에 노승이 그때 뜻도 작용도 더디고 무디어서 대답하지 못했으나 그의 물음이 뛰어나고 특이하므로 감히 저버리지 못했노라.

그가 말하기를 '생각컨대 암주가 대답을 못하면 절하고 물러가는 것만도 못하다.' 하였는데 지금 생각하니, 당시에 '무슨 필요인가?〔何必〕'라는 말도 필요 없었거늘…. 화주의 일로 위부에 갔다가, 홍화 장로가 묻기를 '산중의 화상께서 지난 날, 상봉암에 계실 때, 노승이 이 이야기를 물었더니, 대답을 못했었는데 지금은 대답할 수 있을런지?' 하기에 이 사람이 이야기를 전했더니 홍화 장로가 말하기를 '운거가 20년만에 무슨 필요인가 일렀으나 홍화는 그렇게 하지도 않으리니 어찌 이를 필요도 없는 것〔不必〕과 같으랴.' 하였다."

雲居 示衆云 老僧二十年前 住三峯庵時 魏府 有興化長老 來問 權
借一問 以爲影草時如何 老僧 當時 機思遲鈍 道不得 爲伊致得介問
頭奇特 不敢辜他 伊云 想庵主荅 這話不得 不如禮拜了退 而今 思量
當時 不消道介何必 後 因化主 到魏府 興化 乃借問 山中和尙 住三
峯庵時 老僧 曾問伊話 祇對不得 而今 道得也未 化主 遂擧前話 興
化云 雲居二十年 只道得介何必 與化 卽不然 爭如道介不必

∽ 도오진 선사 송

하필(何必)이나 불필(不必)이나
일칠(一七)이나 이칠(二七)이나
용수 마명이
마니주를 드러냄이로세

道吾眞 頌
何必不必
一七二七
龍樹馬鳴
熖光透出

∽ 열재 거사 송

운거의 옛 근본인 삼봉산 편액에
홍화가 또다시 팔자 눈썹 그렸네
다시 장안에 새로이 그림 그리는 손이 있어서
크게 휘둘러 어지럼을 쓸어버려 생각할 길 끊노라

悅齋居士 頌
雲居舊本三山額
興化重粧八字眉
更有長安新畵手
胡揮亂掃絶思惟

〇 삼성 선사가 이 칙을 들고 말하였다.

운거 선사가 20년 만에 일렀으나 아직도 홍화 장로의 반 달〔半月〕
노정이라고나 할까….

三聖 拈 雲居二十年道得底 猶較他興化半月程

ᚪ 장로색 선사가 이 칙을 들고 말하였다.

여러분은 운거 선사를 알고자 하는가?

자비의 배를 맑은 파도 위에 띄울 것도 없거늘 검협[5]에 공연히 나무오리[6]를 놓겠는가.

長蘆賾 拈 諸人 要識雲居麼 慈舟不泛淸波上 劍峽 徒勞放木鵝

---

5) 검협(劍峽) : 장안과 촉 사이의 험한 재. 자기 목숨도 구하기 힘든 험한 곳을 말함.
6) 나무오리 : 옛날에 물이 깊고 얕음을 탐측하던 도구.

꙰ 운문고 선사가 이 칙을 들고 말하였다.

하필과 불필이여, 면면하고도 밀밀함이로세. 얼굴을 마주해 기틀을 대함이니, 누군가가 그 뒷구절을 이으면 그는 두 존숙을 친히 보았다고 허락하리라.

雲門杲 擧此話云 何必不必 綿綿密密 覿面當機 有人續得末後句 許你親見二尊宿

 대원 문재현은 이 칙을 모두 들고나서 이르노라.

하필(何必)과 불필(不必)의 차이가 없지는 않으나 아직 두 분 모두 둘째 달에 빠져 헤어나지 못함에는 다를 바 없다.

하. 하. 하.

864칙 어머니가 낳기 전엔 무엇을 입었었는가

 본 칙

운거 선사의 회상에 있던 어느 선승이 산 밑에 암자를 세우고 몇 해가 지났다.

어느 날, 운거 선사가 승려를 시켜 바지 한 벌을 갖다 주게 했더니, 암주가 말하였다.

"나에게는 어머니가 낳아주신 바지가 있노라."

승려가 와서 그 일을 이야기하니, 운거 선사가 말하였다.

"그대는 왜 '어머니가 낳기 전엔 무엇을 입었었는가?' 하지 않았는가?" 하였다.

그 승려가 다시 가서 그렇게 물으니 암주는 말이 없었다.

나중에 암주가 죽었는데 오색 사리가 나오니, 운거 선사가 말하였다.

"설사 여덟 섬 네 말이 나왔더라도 그때에 한마디 일러 고금에 빛낸 것만 하리오."

雲居會裏 有一僧 在山下卓庵 經于數載 師 一日 令僧持袴一腰 往
庵中與他 庵主 云 某甲 自有孃生袴在 僧廻 擧似師 師云 你何不問
伊秖如孃未生時 着箇什麼 其僧再去問 庵主無語 後來庵主遷化 却有
五色舍利 師云 縱有八斛四斗 爭如當時 道得一句 光前絶後

말해보라. 암주는 알았는가, 몰랐는가? 알았다 하자니 뒷구절을
이르지 못했고, 몰랐다 하자니 오색 사리가 나와서 대중과는 달랐
다.

여러분은 알려는가? 그때의 암주는 외손바닥이 소리를 내지 못하
는 격이요, 운거 선사는 가난한 이가 묵은 빚을 생각하는 격이요,
그 승려는 왔다갔다하면서 짚신만 적지 않게 헤지게 하였느니라.
(승상을 치다.)

開元琦　擧此話云　且道　庵主會　不會　若會去　又不能道得末後一句
若不會　又有五色舍利　與衆有殊　諸人　要知麼　庵主當時　獨掌不浪鳴
雲居　也是貧兒思舊債　這箇師僧　來來去去　踏破草鞋也不少　擊繩床

∽ 정자본 선사가 대신 말하였다.

나에게 화두를 돌려달라.

淨慈本 代云 還我話頭來

 대원 문재현은 이 칙을 모두 들고나서 이르노라.

“그대는 어머니가 낳기 전엔 무엇을 입었었는가?” 할 때 “양지바른 뜰 위의 고양이가 설파하는구나.” 했어야 했다.

865칙 가없이 이러-할 때

 본 칙

운거 선사에게 어떤 선승이 물었다.

"가없이 이러-할 때가 어떠합니까?"

운거 선사가 말하였다.

"흐름이 없느니라."

운문 선사가 말하였다.

"흐름이 없다면 무슨 가없이 이러-하다곤들 하리오. 이는 무쇠를 끊는 말이로다."

雲居 因僧問 湛然時如何 師云 不流 雲門 云 不流 說什麼湛然 此是截鐵之言

⌒ 대홍은 선사가 이 칙을 들고 말하였다.

가없이 이러-하다면 무슨 흐름이 없다곤들 하리오만, 어찌 잘못
에 잘못을 더하는 것을 면하리오.

大洪恩. 拈云 湛然 說什麼不流 豈免將錯就錯

 대원 문재현은 이 칙을 모두 들고나서 이르노라.

"가없이 이러-할 때가 어떠합니까?" 할 때 "이러-하니라." 했어야
했다.

866칙 비밀한 말씀

 본 칙

운거 선사에게 성 상서가 공양거리를 가지고 왔다가 물었다.

"여래에게는 비밀한 말씀이 있고 가섭은 감춤 없었다 하니, 이 이치가 어떠합니까?"

운거 선사가 불렀다.

"상서여!"

상서가 대답을 하자 운거 선사가 말하였다.

"알겠는가?"

"모르겠습니다."

이에 운거 선사가 말하였다.

"모르면 여래에게 비밀한 말이 있고, 알면 가섭이 감춤 없는 것이니라."

雲居 因成尙書 送供至 遂問 如來有密語 迦葉 不覆藏 此理 如何
師 召云 尙書 書應喏 師云 會麼 云 不會 師云 若不會 如來有密語
若會 迦葉 不覆藏

∽ 법등 선사가 이 칙을 들고 말하였다.

말해보라. 부른 것이 비밀한 말씀인가, 대답한 것이 비밀한 말씀인가? 대답한 것과 부른 것이 모두가 이것이라면 곧 비밀이랄 것도 없으니 말해보라. 어떤 것이 비밀한 말인가?

(이때 어떤 선승이 법등 선사에게 묻기를)
"언제 일찍이 비밀했던 적이 있었습니까?"

法燈 拈 且道 喚底 是密語 應底 是密語 若也應喚 惣是去 卽不密
也 且道 作麼生是密語 時有僧 問燈云 何曾得密來

◌ 동림총 선사가 이 칙을 들고 이어 법등 선사가 이 칙을 들어 말한 것을 들고 말하였다.

괴이하도다! 홍각이 20년 동안 산양이 뿔을 건 것 같아서 자취가 끊어졌더니, 상서가 한 번 건드리자 당장에 물과 진흙에 뛰어들어 남의 기이한 웃음을 샀고, 법등은 한낮에 등불을 켜고, 한밤에 먹물을 뿌리는 격이다.

동림은 그렇게 하지 않으리니, "어떤 것이 비밀한 말인가?" 하면 그에게 말하기를 "어디가 비밀치 않은가?" 하리라.

말해보라. 이렇게 말해도 허물이 있는가?

(잠잠히 있다가)

다시 다른 사람을 요하지 않느니라.

東林惣 擧此話 連擧法燈拈 師云 怪哉 弘覺二十年 羚羊掛角 絶跡亡蹤 及乎被尙書一拶 直得帶水拖泥 作人笑怪 法燈 也是日午點燈夜半潑墨 東林 不然 如何是密語 却向伊道 甚處不密 且道 與麼道還有過也無 良久云 更不用別人

∽ 정자본 선사가 상당하여 말하였다.

　옛사람이 "여래에게는 비밀한 말씀이 있고, 가섭은 감춤이 없었다." 하니 여러분이 십이시 동안에 그렇게 많이 이야기하는 것은 비밀한 말인가, 비밀한 말이 아닌가? 산승의 이런 말은 감춘 것인가, 감춤 없는 것인가?
　만일 옳게 판단한다면 영산회상이 곧 지금이리라. 그러나 역시 이러한 사람이라야 되느니라.

　淨慈本 上堂云 古者道 如來有密語 迦葉 不覆藏 是你諸人 每日十二時中 伊麽說底 是密語 不是密語 山僧 伊麽告報 是覆藏 不是覆藏 若定當得 靈山會上 祇是而今 然雖如此 也須是伊麽人 始得

ⓒ 장령탁 선사가 상당하여 말하였다.

매우 기이하고 뛰어나도다. 일등의 이런 일은 모름지기 이런 사
람이라야 되느니라.
여래의 비밀한 말이라는 것이 일시에 운거 선사에 의하여 누설된
사실을 아는가?
만일 모른다 하면, 다만 "바람결을 보아 돛을 달고, 걸음을 인하
여 팔을 흔든다."라고 이르리라.

長靈卓 上堂 擧此話云 也甚奇怪 一等 是恁麽事 要須恁麽人 還知
道如來密語 一時 被雲居漏洩了麽 更若未會 但且看風使帆 因行掉臂

 대원 문재현은 이 칙을 모두 들고나서 이르노라.

 만일 이 사람에게 그렇게 물었다면 "가섭의 감춤 없음을 상서의
공양거리가 나보다 먼저 일렀소. 그것이 곧 여래의 비밀한 말이라
오." 했을 것이다.

867칙 산하대지가 어디로부터 있게 되었습니까

 본 칙

운거 선사에게 어떤 선승이 물었다.

"산하대지가 어디로부터 있게 되었습니까?"

운거 선사가 말하였다.

"망상으로부터 있게 되었느니라."

선승이 말하였다.

"그렇다면 제가 한 덩이 금을 생각하면 얻을 수 있습니까?"

운거 선사가 그만두자 선승이 긍정하지 않았다.

雲居 因僧問 山河大地 從何而有 師曰 從妄想有 僧云 與某甲 想出
一鋌金得麼 師便休去 僧 不肯

∾ 운문언 선사가 이 칙을 듣고 말하였다.

이미 어지러운 이야기이니 능히 값을 쳐줄 것도 없다. 그가 "그렇다면 제가 한 덩이 금을 생각하면 얻을 수 있습니까?" 할 때 주장자를 집어들어 때렸어야 했다.

雲門偃 聞得云 已是葛藤 不能折合得 待伊道想出一鋌金得麼 拈柱杖便打

☞ 개선섬 선사가 이 칙을 들고 말하였다.

증원 노장은 "생각으로 나뉘어 국토를 이루고, 지각으로 인해 중생이 되었다."[7]라는 뜻이었으나 물은 이는 벌레가 나뭇잎을 먹는 것 같고, 대답한 이는 우연히 글자를 이룬 것 같음을 전혀 몰랐다.

만일 산승이라면 그렇게 하지 않으리니, 그때 그 선승이 '한 조각의 좋은 금을 생각에서 나오게 할 수 있겠는가?' 할 때 당장에 끌고 노주 위로 가서 아프게 서른 방망이를 때렸더라면 그 어찌 통쾌하지 않았으랴. 어째서 그런가?

금을 파는 사람이 금을 사는 사람을 만나기 어렵기 때문이니라. 문득 선승이 깨달으면 30년 후에 천하 사람을 죽이리라.

(이 기록은 진산주 선사가 증원 노장에게 "산하대지가 어디서 생겼는가?" 하니, 증원 노장이 "망상으로부터 생겼느니라." 하였다. 다시 "그렇다면 학인이 한 덩이 금을 생각하면 얻게 할 수 있습니까?" 하니 증원 노장이 말이 없었다 하였다.)

開先暹 舉此話云 澄源老漢 意爲想澄成國土 知覺乃衆生 殊不知問

---

7) 능엄경 원문에 나오는 구절이다. 미망으로 인해서 허공이 생기고 허공으로 인해서 세계가 생긴다. 생각으로 나뉘어 국토를 이루고 지각으로 인해 중생이 되었다.(迷妄有虛空 依空立世界 想澄成國土 知覺乃衆生)

者 如蟲禦木 荅者 偶爾成文 若是山僧 卽不然 待他問學人擬想一鋌
金還得也無 當時 但拽就露柱上 痛與三十棒 豈不快哉 爲甚麼如此
賣金 難遇買金人 忽有箇衲僧 悟去 三十年後 走殺天下人去在

　(此錄進山主 問澄源云 山河大地從何而有 澄源云 從妄想有 進云
學人擬想一鋌金還得也無 澄源無語)

 대원 문재현은 이 칙을 모두 들고나서 이르노라.

이 사람이라면
"너 같은 놈에게 얻게 해주지 않으면 누구에게 얻게 해주랴.
악!
알겠느냐?" 했으리라.

868칙 성승은 무엇을 합니까

 본 칙

경조부의 화엄 휴정 선사가 동산에서 유나로 있었다.

어느 날 울력이 있어 죽비를 치고 말하였다.

"상판 대중은 풀을 뽑고, 하판 대중은 나무를 나르시오."

수좌가 물었다.

"성승(聖僧)[8]은 무엇을 합니까?"

휴정 선사가 말하였다.

"법당에 정좌함도 없거늘, 어찌 양쪽으로 바쁘랴."

京兆府 華嚴休靜禪師 在洞山 作維那 一日 普請白槌云 上間 鋤地
下間 般柴 首座遂問 聖僧 作介什麼 師云 當堂不正坐 那赴兩頭機

---

8) 성승(聖僧) : 선원의 큰 방에 모신 교진여(憍陳如)의 등상.

ᘓ 법진일 선사가 특별히 말하였다.

하나의 몸으로 두 가지 역할에 충실할 수 없느니라.

法眞一 別 一身 不充兩役

∽ 원오근 선사가 이 칙을 들고 말하였다.

구슬의 아홉 굽이 구멍을 지나니, 휴정은 가히 신묘한 공이 있어, 옥이 풀어진 것을 고리같이 이어지게 하였다 하리라. 산승이 한 가닥 길을 더해주리라.

혹 어떤 이가 묻기를 "성승은 무엇을 하는가?" 하면 다만 그에게 말하기를 "가없는 밝은 거울이 대에 당면한 것 같이 비치니, 형상과 소리에 움직임 없이 만 가지 인연에 응한다." 하리라.

圓悟勤 拈 珠鑽九曲 休靜 可謂神功 玉解連環 山僧 更資一路 或有問 聖僧 作介什麽 只對他道 廓如明鏡當臺照 不動形聲應萬緣

 대원 문재현은 이 칙을 모두 들고나서 이르노라.

“성승은 무엇을 합니까?”라고 물으면 나라면 “함이 없는 함으로
때에 응할 뿐이니라.” 했을 것이다.

869칙 법신을 깨달았다는 것마저 세우지 않는 일

 본 칙

무주 소산 광인 선사가 대중에게 보이고 말하였다.

"병승(病僧)[9]이 함통(咸通)[10] 이전에는 법신의 일을 깨달았고, 함통 이후에는 법신을 깨달았다는 것마저 세우지 않는 일을 깨달았느니라."

운문 선사가 나서서 물었다.

"어떤 것이 법신의 일을 깨달음입니까?"

소산 선사가 말하였다.

"마른 말뚝이다."

운문 선사가 다시 물었다.

"어떤 것이 법신을 깨달았다는 것마저 세우지 않는 일입니까?"

소산 선사가 말하였다.

"마른 말뚝이라 할 것도 없다."

운문 선사가 다시 물었다.

"학인이 그 도리를 이야기하는 것을 허락하시겠습니까?"

---

9) 병승(病僧) : 자신을 가리킴.
10) 함통(咸通) : 당나라 의종(懿宗, 859~873년) 연호.

소산 선사가 말하였다.

"허락하노라."

운문 선사가 다시 물었다.

"'마른 말뚝이다.'라고 하신 것이 그 어찌 법신의 일을 깨닫게 함
이 없겠습니까."

소산 선사가 말하였다.

"옳으니라."

운문 선사가 다시 물었다.

"'마른 말뚝이라 할 것도 없다.'라고 하신 것이 그 어찌 법신을
깨달았다 함마저 세우지 않음을 밝힘이 없겠습니까."

소산 선사가 말하였다.

"옳으니라."

운문 선사가 다시 물었다.

"법신이 일체를 갖추었습니까?"

소산 선사가 말하였다.

"법신이 두루했거늘 어찌 갖추지 않았으리오."

운문 선사가 정병을 가리키면서 말하였다.

"정병에도 법신이 있습니까?"

소산 선사가 말하였다.

"정병을 향해서 찾으려고 하지 말라."

운문 선사가 절을 하였다.

(운문고 선사가 말하기를 "운문이 절을 한 것은 좋은 마음이 아

니다." 하였다.)

　撫州疎山光仁禪師 示衆云 病僧 咸通年已前 會得法身邊事 咸通年
已後 會得法身向上事 雲門 出問云 如何是法身邊事 師云 枯椿 如何
是法身 向上事 師云 非枯椿 門云 還許 學人說道理也無 師云 許 門
云 只如枯椿 豈不是明法身邊事 師云 是 門云 非枯椿 豈不是明法身
向上事 師云 是 門云 未審法身 還該一切也無 師云 法身 周遍 爭得
不該 門 指淨瓶云 淨瓶上 還有法身也無 師云 莫向淨瓶邊覓 門 便
禮拜(雲門杲云 雲門禮拜 不是好心)

∽ 원오근 선사 송

눈으로는 동·남을 보고

뜻은 서·북에 있다

하늘의 관문을 일으켜 굴리고

지축을 번쩍 들어 돌린다

법신을 깨달음과 깨달았다는 것마저 세우지 않음이여

천지간의 기운이요 오백 년의 혼일세

아교와 칠이 서로 섞이듯 하고[11] 화살촉과 화살촉이 맞부딪친 듯
함이여[12]

남산에 구름 일고 북산엔 비가 내리네

圓悟勤 頌

眼觀東南　　　　意在西北

撥轉天關　　　　掀廻地軸

法身向上法身邊　　間氣英靈五百年

膠漆相投箭相拄　　南山起雲北山雨

---

11) 원문에 교칠상투(膠漆相投)라고 되어 있다. 하나같이 아주 친밀하여 나눌 수 없다
는 뜻이다.

12) 원문에 전상주(箭相拄)라고 되어 있다. 이는 전봉상주(箭鋒相拄)와 같은 말이다. 스
승과 제자가 서로 의기가 딱 맞아 조금도 틈이 없는 것, 질문과 대답이 딱 들어맞
는 것을 뜻한다.

∽ 열재 거사 송

함통 연대의 먼 일을 말하지 말고
부모 나기 이전의 일도 이야기 말라
손가락 튕기는 한 소리에
삼천대천세계를 던져버린다

悅齋居士 頌
莫問咸通年遠事
休論父母未生前
一聲彈指都收取
擲過三千與大千

∽ 법운악 선사가 이 칙을 들고 말하였다.

소산 선사는 전쟁에서 이겨 모든 것을 거두었지만 춤과 노래로써
쳐부수어 없앴다는 것마저 다 쉬었고, 운문 선사의 혀끝에는 용천
(龍泉)이 솟았다.

法雲岳 拈 疎山 摠是戰爭收拾得 却因歌舞破除休 雲門舌上 有龍泉

 대원 문재현은 이 칙을 모두 들고나서 이르노라.

  법신을 깨달았다는 것마저 세우지 않는 일을 깨달았다 할 때 이
사람이라면 "소산 선사시여, 그렇거늘 그런 말이 있습니까?" 했을
것이다. 어떤 까닭인가?
  험.
  청천에 흰 구름은 바쁘고
  솔 사이 꾀꼬리들 노래로세.

870칙 한 푼, 두 푼, 세 푼

 본 칙

소산 선사에게 어떤 선승이 수탑의 조성을 끝내고 와서 아뢰자 소산 선사가 물었다.

"그대는 장인에게 돈을 얼마나 주었는가?"

선승이 말하였다.

"모두가 화상에게 매였습니다."

이에 소산 선사가 물었다.

"서 푼을 주어야 한다고 생각하는가, 두 푼을 주어야 한다고 생각하는가, 한 푼을 주어야 한다고 생각하는가? 만일 바로 이르면 나를 위해 탑을 세워준 것이 되리라."

선승이 말을 못하고 있다가 나중에 대령 선사에게 이 이야기를 했더니 대령 선사가 말하였다.

"누가 대답을 했는가?"

선승이 말하였다.

"아무도 대답을 못했습니다."

대령 선사가 말하였다.

"그대는 돌아가서 소산 선사에게 말하기를 '대령 선사님이 이 말을 듣더니 하시는 말씀이 서 푼을 장인에게 준다 하면 화상은 금생에 결정코 탑을 얻지 못할 것이요, 만일 두 푼을 장인에게 준다면 화상은 장인과 서로 한 손을 내민 것이요, 만일 한 푼을 장인에게 준다면 장인에게 눈썹과 수염이 떨어지는 누를 끼친 것이니라 합디다.' 하라."

그 선승이 돌아와서 소산 선사에게 아뢰니 소산 선사가 위의를 갖추고 대령 선사 쪽을 향해 절을 하고 찬탄하며 말하였다.

"아무도 없다고 여겼더니, 대령 선사 옛 부처가 광채를 뿜어 여기까지 이르렀구나. 그러나 이는 여전히 섣달의 연꽃이로다."

나중에 대령 선사가 이 말을 듣고 말하였다.

"나의 그런 말도 거북털이 세 길이나 자란 격이었느니라."

(대령은 나산을 말한다.)

疏山因僧 與師造壽塔畢 來白師 師云 汝將多少錢與匠人 僧云 一切在和尙 師云 爲將三文錢與伊 爲將兩文錢與伊 爲將一文錢與伊 若道得 與吾親造塔 僧 無語 後擧似大嶺 嶺云 還有人 道得麽 僧云 未有人道得 嶺云 汝廻擧似疏山道 大嶺 聞擧 有語云若將三文錢與匠人 和尙 今生 決定不得塔 若將兩文錢與匠人 和尙 與匠人 共出一隻手 若將一文錢與匠人 累他匠人 眉鬚墮落 其僧 廻 擧似師 師具威儀 望大嶺禮拜歎云 將謂無人 大嶺古佛 放光射至此間 雖然如是 也是 臘月蓮花 大嶺 後聞此語云 我與麽道 也是龜毛長三丈(大嶺卽羅山)

맑은 바람이 낚싯배를 불어 흔들더니
맑은 강을 뒤흔들어 파도가 하늘을 친다
우습구나, 비단물고기 다퉈 물을 희롱한다고 했으나
마침내는 모두가 굽은 낚시에 끌어당겨진 격이구려

丹霞淳 頌
淸風吹動釣魚船
皷起澄江浪拍天
堪笑錦鱗爭戲水
到頭俱被曲釣牽

∽ 운문고 선사 송

시방에 상주하는 땅을 파서 무너뜨리더니
서 푼마저 탕진해서 해골만 드러났네
나산의 옛 부처가 영험키는 하지만
한 곳에 파묻힘을 면치 못했네

雲門杲 頌
鑿壞十方常住地
三錢使盡露屍骸
羅山古佛雖靈驗
未免將身一處埋

∽ 죽암규 선사 송

소매 끝에 옷깃을 닮에는 더하고 덜함이 없었으나
겨드랑이의 옷깃을 도려냄에는 길고 짧음 있었도다
대유령의 거룩하신 한 부처님이
소산으로 두 차례나 광명을 놓았네

竹庵珪 頌
袖頭打領無添減
腋下剜襟有短長
大庾嶺頭一尊佛
疎山兩度放毫光

탑 짓는 장인의 공교함이 대단히 뛰어나기는 하나

가련하다! 값을 따질 때 몹시도 줄어졌네

자고로 참선납자는

헛되이 수고만 하고도 알지 못하네

대령 선사가 있어서

번개처럼 분명하게 흑백을 갈라놓았으나

섣달의 연꽃이요 거북의 털이 수 길〔數丈〕이라

두 존숙이 화살촉과 화살촉이 맞부딪치듯 했다 하나

각자 서른 방망이를 맞음이 좋겠다

(말해보라. 방망이를 때린 이는 누구인가? 안목이 있는 이는 가려
내보라.)

本然居士 頌

造塔工夫也大奇

可憐酬價大虧危

由來粥飯禪和子

虛効勤勞自不知

更有大嶺

分星擘兩

臘月蓮花龜毛數丈

兩人尊宿箭鋒直

一人好喫三十棒

(且道 與棒者誰 具眼底辨取)

∞ 부산원 선사가 이 칙을 들고 말하였다.

소산 선사는 송곳으로 땅을 파내려 했고, 대령 선사는 칼로 허공을 오리려 했다. 비록 두 고덕이 송곳과 칼을 잘못 대었으나 요즘 사람 역시 도달하기 어렵다. 무슨 까닭인가?
나중 말 가운데 베어버림도 있고 죽임도 있다.
그러나 강에서 잃은 돈은 강에서 찾아야 한다.

浮山遠 拈 疎山 以錐栽地 大嶺 用刀剜空 雖然二古德 錯下錐刀 今時人 亦難構赴 何故 後語中 有揹有殺 然雖如是 河裏失錢河裏摝

ↄ 취암종 선사가 이 칙을 들고 말하였다.

무엇을 거북털 석 자와 섣달 연꽃이라 하는가? 모두가 옷 입은 채로 풀 속에 굴림을 당했다. 설사 그대들이 그 속에서 세 조각, 네 조각을 내고, 빼어나고 뛰어나게 이야기할지라도 조사의 바른 안목은 꿈에도 보지 못했다.

내가 그때에 소산 선사가 그렇게 묻는 것을 보았더라면 다만 그에게 말하기를 "한 푼도 없다." 하였으리라.

다시 그가 어떤 도리를 말하려 하거든 당장 선상을 밀어 쓰러뜨리고 수탑을 꺾어버려 그 노장으로 하여금 위로는 한 조각의 기와도 덮을 것이 없고 아래로는 발붙일 한 치의 땅도 없이 해서 털끝만치도 의지할 곳이 없게 했으리라. 어째서 그런가?

은혜를 아는 이라야 비로소 은혜를 갚을 줄 아느니라.

翠嵒宗 拈 說什麼龜毛三尺 臘月蓮花 盡是和衣草裏輥 直饒你向者裏 分三裂四 說得個儻分明 祖師正眼 未夢見在 我當時 若見踈山伊麼問 只向他道 一文也無 待他更說道理 便與推倒禪床 折却壽塔 敎者老漢 上無片瓦盖頭 下無寸土立足 直敎無絲毫依倚處 爲什麼如此 知恩 方解報恩

⌒ 백운병 선사가 이 칙을 들고 말하였다.

소산 선사는 북을 매달아놓고 치기를 기다려 사람들과 접속하는 것을 바라고, 대령 선사는 바람길을 따라 불을 놓아서 힘 들인 것이 많지 않았다.

곧바로 면밀하여 바람이 통하지 않고, 나뉨 없어 꿰맬 틈이 없다 하겠으나, 소산 선사가 마지막에 말하기를 "여전히 섣달의 연꽃이로다." 했으니 마치 장물을 품에 안고 판결하는 격이요, 대령 선사는 말하기를 "거북의 털이 석 자라." 하니 마치 눈을 뻔히 뜨고도 오줌을 싸는 격이로다.

(불자를 일으켜 세우고)

소산 선사와 대령 선사의 콧구멍이 몽땅 이 속에 뚫어 꿰어졌다.

白雲昺 拈 疎山 懸皷待槌 要人接續 大嶺 因風放火 用力不多 直得綿密不通風 渾崙無縫罅 疎山 末後 道也是臘月蓮花 大似抱贓判事 大嶺 云 龜毛長三尺 也是開眼尿床 遂擧起拂子云 疎山大嶺鼻孔 在者裏 一串穿却

 대원 문재현은 이 칙을 모두 들고나서 이르노라.

소산 선사가 세 푼, 두 푼, 한 푼 운운할 때 "이때야말로 간격 없는 춤으로 좋을 때입니다." 하고 춤이나 추었더라면 소산 선사와 대령 선사의 구구한 말들이 없었을 것을….

871칙 거기에는 긍정할 길조차 없습니다

 본 칙

소산 선사가 향엄 선사의 회상에 있었는데 어느 날, 향엄 선사가 상당하자 어떤 선승이 나서서 물었다.

"모든 성인을 흠모할 것도 없고, 자신의 신령함을 소중히 여길 것도 없을 때에는 어떠합니까?"

향엄 선사가 말하였다.

"일만 가지 기틀을 쉬어버리니, 일천 성인도 이끌지 못하느니라."

소산 선사가 구역질을 하는 시늉을 하였다.

이에 향엄 선사가 물었다.

"소산 사숙님께서는 제 말을 긍정하지 않으십니까?"

소산 선사가 말하였다.

"허물이 없지 않느니라."

향엄 선사가 물었다.

"허물이 어디에 있습니까?"

소산 선사가 말하였다.

"일만 가지 기틀을 쉬어버렸다고 하나 한 물건이 있고, 일천 성인도 이끌지 못한다고 하나 사람으로 좇아 깨닫느니라.”

향엄 선사가 말하였다.

“사숙께서 말씀하실 수 있겠습니까?”

소산 선사가 말하였다.

“나에게 법좌를 돌려라. 너에게 일러주리라.”

이에 향엄 선사가 소산 선사를 법상에 오르게 하고 전과 같이 물으니, 소산 선사가 말하였다.

“어째서 긍정과 승낙이 온전하지 못하다고 말하지 않았는가?”

향엄 선사가 물었다.

“긍정은 무엇을 긍정한다는 것이며, 승낙은 또한 무엇을 승낙한다는 것입니까?”

소산 선사가 말하였다.

“긍정이란 곧 모든 성인을 긍정하는 것이고, 승낙이란 곧 자신의 신령함을 승낙하는 것이니라.”

향엄 선사가 말하였다.

“사숙께서 그렇게 말씀하시니, 30년 동안 똥을 거꾸로 누어야 할 것입니다.”

그 뒤에 소산 선사가 소산에 살면서 항상 구토하는 병을 앓다가, 어느 날, 이 이야기를 들어 경청 선사에게 물었다.

“병승이 긍정과 승낙이 온전하지 못하다고 한 것을 도자(道者)는 어떻게 아는가?”

경청 선사가 대답하였다.

"온전히 긍정과 승낙에 돌아갑니다."

소산 선사가 다시 물었다.

"온전하지 못하다고 한 것은 또 어떤가?"

경청 선사가 대답하였다.

"거기에는 긍정할 길도 없습니다."

소산 선사가 말하였다.

"비로소 병승의 뜻에 맞는구나."

疎山 在香嚴會中 一日 嚴 上堂 有僧 問 不慕諸聖 不重已靈時如何
嚴云 萬機 休罷 千聖 不携 師作嘔吐勢 嚴云 師叔 不肯那 師云 不
得無過 嚴云 過在甚處 師云 萬機 休罷 猶有物在 千聖不携 亦從人
得 嚴云 師叔 莫道得麼 師云 還我法座 與你道 於是嚴 令陞座 如前
問之 師云 何不道肯諾不得全 嚴云 肯 又肯介什麼 諾 又諾介什麼
師云 肯則肯他諸聖 諾則諾於已靈 嚴云 師叔 伊麼道 也須倒屙三十
年 始得 後住疎山 常病返胃 一日 舉此話 問鏡清 病僧 肯諾不得全
道者 作麼生會 清云 全歸肯諾 師云 不得全 又作麼生 清云 介中 無
肯路 師云 始契病僧意

∽ 원오근 선사 송

칼은 스스로를 베지 못하고

손가락은 스스로를 만지지 못한다

따오기는 희고 까마귀는 검다

소나무는 곧고 가시나무는 굽었다

티끌이라도 있으면 그림자가 따른다

해탈한 몸이라는 것마저 완전히 던지니 흔적도 없다

긍정도 있을 수 없고 승낙도 설 수 없음이여

한 조각 청정한 빛이 두우(斗牛)[13]를 쏘니

천상과 인간이 자유를 얻었다

圓悟勤 頌

刀不自割　　　　指不自觸

鵠白烏玄　　　　松直棘曲

纔有纖塵帶影來　脫體全抛無眹迹

肯不存諾不立　　一片淸光射斗牛

天上人間得自由

---

13) 두우(斗牛) : 이십팔수(二十八宿) 가운데의 두성(斗星)과 우성(牛星). 북두성(北斗星)
　　과 견우성(牽牛星)

 대원 문재현은 이 칙을 모두 들고나서 이르노라.

향엄 선사는 아직도 말뚝을 지키는 신세를 면치 못했고, 소산 선사와 경청 선사도 거북이처럼 자취를 여의지 못했다. 아차차….

구름 걷힌 무등산 우뚝하고
광주호변 진달래 풍광 좋다
묘심아, 봄노래나 불러보렴

872칙 마른 나무의 꽃

 본 칙

소산 선사에게 영전 선사가 물었다.

"마른 나무에 꽃이 피어야 비로소 그와 부합되리니, 이는 이쪽 구절인가, 저쪽 구절인가?"

소산 선사가 대답하였다.

"역시 이쪽 구절입니다."

영전 선사가 다시 물었다.

"어느 것이 저쪽 구절인가?"

소산 선사가 대답하였다.

"돌소가 삼춘(三春)의 기운을 토해내니 신령한 참새[14]는 그림자 없는 숲에도 깃들이 없습니다."

疎山 因靈泉問 枯木生花 始與他合 是這邊句 是那邊句 師云 亦是者邊句 泉云 如何是那邊句 師云 石牛吐出三春氣 靈雀 不栖無影林

---

14) 중국에서 참새는 사람에게 기쁨을 주는 영험한 새로 여겨진다.

∽ 단하순 선사 송

푸른 바다에 바람 없어 물결이 잔잔하니
안개 걷힌 물빛은 빈 듯이 달을 머금었네
한 줄기 찬 빛, 어찌 다함이 있으랴
그 가운데 용의 퇴골[15]을 그 누가 가려내리

丹霞淳 頌
滄海無風波浪平
煙收水色虛含月
寒光一帶望何窮
誰辨介中龍退骨

---

15) 퇴골(退骨) : '늙은 나무는 뱀이 껍질(허물)을 벗는 곳이고, 높은 절벽은 용이 뼈를
   벗는 곳이다(老樹蛇蛻皮 崩崖龍退骨).'라는 말이 있다.

 대원 문재현은 이 칙을 모두 들고나서 이르노라.

백아와 자기가 자리를 같이 함이라고나 할까.
짐짓 묻고 대답함이여, 좋구나 좋아.

꾀꼬리 버들 사이 노닐고
흰 구름 학이 되어 나르니
니나리 나나리로 놀아보세

873칙 죽에도 족하고 밥에도 족했습니다

본 칙

소산 선사가 어떤 선승에게 물었다.

"설봉에 갔었던가?"

선승이 대답하였다.

"갔었습니다."

소산 선사가 말하였다.

"나도 전에 갔더니 이 일이 족하지 못하던데 지금은 어떻던가?"

선승이 대답하였다.

"족합디다."

소산 선사가 다시 물었다.

"죽이 족하던가, 밥이 족하던가?"

선승이 대답이 없었다.

(운문 선사가 대신 말하기를 "죽에도 족하고, 밥에도 족했습니다." 하였다.)

　疎山　問僧　曾到雪峰否　僧曰　曾到　師云　我已前　到彼　是事不足　如
今作麽生　僧曰　如今　足也　師曰　粥足　飯足　僧無對(雲門代云　粥足飯
足)

∽ 황룡심 선사의 문답

황룡심 선사가 이 칙을 들고 말하였다.

"옳기는 옳으나 불법의 도리는 없다."

이때 어떤 선승이 물었다.

"어떤 것이 불법의 도리는 없다는 것입니까?"

황룡심 선사가 도리어 물었다.

"그대는 평상시에 무엇으로 죽을 먹고 밥을 먹는가?"

선승이 대답하였다.

"입으로 먹습니다."

황룡심 선사가 할을 하면서 말하였다.

"노주(돌기둥)가 무슨 배가 부르다고 하겠느냐. 네가 만일 쌀 한 톨이라도 씹었다고 하면 산하대지를 속이는 것이니라."

黃龍心 擧此話云 是卽是 要且無佛法道理 時 有僧 問 如何是無佛
法道理 師却問僧 是爾尋常 將什麼喫粥喫飯 僧曰 將口喫 師喝曰
露柱爲什麼却飽　你若嚼破一粒米　山河大地欺你去

 대원 문재현은 이 칙을 모두 들고나서 이르노라.

"죽이 족하던가, 밥이 족하던가?" 할 때 "족한 것이 어찌 죽이나 밥뿐이겠습니까?" 하고 "선사시여! 당시에 보신 족하지 못했던 것을 일러주실 수 있습니까?" 해서 무어라고 입을 움직이려 하자마자 할을 했어야 했다.

(혼잣말로) 이도 둘째 달인 것을….

874칙 어떤 것이 부처입니까

 본 칙

소산 선사에게 어떤 선승이 물었다.

"어떤 것이 부처입니까?"

소산 선사가 말하였다.

"어째서 소산 노장을 묻지 않는가?"

疎山 因僧問 如何是佛 師云 何不問疎山老漢

∽ 투자청 선사 송

자식을 길러야 부모의 사랑을 안다
친한 말은 맛이 없어 밖의 사람들이 의심한다
푸른 바다의 깊고 깊은 곳까지 다하고자 하거든
어부의 말을 제대로 들어서 번번이 미혹되지 말라

投子靑 頌
養子方知在上慈
親言無味外人疑
欲窮滄浪深深處
聽取漁家輒莫迷

 대원 문재현은 이 칙을 모두 들고나서 이르노라.

짧은 언어 속에 이처럼 통째로 바로 보인 소산 선사의 전광석화
같은 지혜에 박수칩니다.

875칙 나무뱀을 번쩍 들다

 본 칙

소산 선사가 나무뱀을 손에 쥐고 있는데 어떤 선승이 물었다.

"손에 든 것이 무엇입니까?"

소산 선사가 번쩍 들고 말하였다.

"조씨네집 딸이니라."

疎山 手握木蛇 有僧問 手中 是什麽 師提起云 曹家女

∽ 자수 선사 송

뛰어난 낯이라 하더라도 꽃다운 웃음만 못하고
정 여의었다 하여도 무심한 대〔竹〕 같기 어렵네
사람의 물음에 조씨네집 딸이라 함이여
굴릴수록 깊어만지는 깨달음으로 이끌려는 상사병일세

慈受 頌
別面不如花有笑　離情難似竹無心
因人說着曹家女　引得相思病轉深

∽ 각범 선사가 찬(贊)하였다.

　삼지(三支)의 습기인 그 독이 치연하고, 더럽혀진 식심이 꼬불꼬
불 뒤얽혔다. 중생이 밝히지 못해서 제멋대로 의심을 내다가 홀연
히 보면 놀라 두려워한다. 세간은 허공꽃 같은 것, 본래 생멸을 여
의어서 시방이 가없이 이러-함이라.
　난쟁이 사숙은 큰 요술장이여서 만 가지 법을 주고 빼앗으며 희
롱하여 즐기기를 자재한다. 이로써 대천세계가 유희의 도구임을 숨
김없이 드러내 놓음이여, 손 안의 나무뱀이요, 조씨네 딸이로다.

　覺範 贊曰 三支習氣 其毒 熾然 薰蒸識心 盤屈糾纏 衆生 不明 橫
生疑怖 忽然見之 輒自驚仆 空華世間 本離生滅 廓然十方 露其窟穴
惟矮師叔 是大幻師 與奪萬法 自在娛嬉 乃知大千 皆公戲具 手中木
蛇 是曹家女

∽ 열재 거사 송

나무뱀은 원래가 조씨네 딸이라고
무쇠소가 섬부의 주인에게 말하였네
이것이 줄을 놀리는 놀음임을 깨달았을 때는
그대를 웃기는 한바탕 희극이리

悅齋居士 頌
木蛇本是曹家女
鐵牛向道陝府主
者般絲線弄得時
一場戲劇笑殺汝

 대원 문재현은 이 칙을 모두 들고나서 이르노라.

　당시에 이 사람이라면 "손에 든 것이 무엇입니까?" 물으면 눈앞에 바짝 들이대면서 "그대를 살리는 뛰어난 의사니라." 했을 것이다.

876칙 법신향상사

 본 칙

낙경 백마의 둔유 선사에게 어떤 선승이 물었다.

"어떤 것이 법신이라는 것도 초월해서 초월했다는 것마저 두지 않는 경지의 일〔法身向上事〕입니까?"

둔유 선사가 말하였다.

"우물 안의 개구리가 달을 삼키느니라."

洛京白馬　遁儒禪師　因僧問　如何是法身向上事　師云　井底蝦蟆吞却月

아홉 겹의 대궐 깊고 은밀해 보고 듣기 어려움이여
옥궁전 옥누각에 안개 자욱히 끼었다
모든 것을 이치로 다스리는 것은 신하들의 일이라
윤왕은 보화관 쓸 것마저 없다네

丹霞淳 頌
九重深密視聽難
玉殿瓊樓宿霧攢
燮理盡歸臣相事
輪王不戴寶花冠

 대원 문재현은 이 칙을 모두 들고나서 이르노라.

산천은 오월 녹음 짙푸르며
하늘에 흰 구름은 한가롭고
물에 담근 발 곁에 고기 논다

877칙 영의(靈依)

 본 칙

무주 조산 탐장 본적 선사에게 어떤 선승이 물었다.

"영의[16]를 걸치기 전이 어떠합니까?"

조산 선사가 말하였다.

"조산의 오늘이 탈상이니라."

선승이 다시 물었다.

"탈상[17] 뒤엔 어떠합니까?"

조산 선사가 말하였다.

"조산은 술을 좋아한다."

撫州曹山 耽章本寂禪師 因僧問 靈衣未掛時如何 師云 曹山 今日
孝滿 僧云 孝滿後如何 師云 曹山 好顚酒

---

16) 영의(靈衣) : 수의를 말함.
17) 원문에 효만(孝滿)이라고 되어 있는데, 이는 상복을 입는 기간이 끝났다는 말로 탈
상을 말한다.

∽ 천동각 선사 송

청백한 집안이라 사방 이웃이 끊어지고

길이길이 문을 닫고 쓸고 닦아 먼지도 용납 않네

해가 뜨는 곳에 남은 달이 기울고

세상이 눈뜨는 것은 인시[18]일세

새로운 탈상이여 봄 경치를 만남이라

취한 걸음에 미친 노래 하며 상복 모자를 마음대로 벗어 던지고

머리를 풀어헤치고 마음이 편안하니 누가 어찌하랴

태평하고 무사함이여, '술을 좋아하는 사람'일세

天童覺 頌
淸白門庭四絶鄰　　長年關掃不容塵
光明轉處傾殘月　　爻象分時却立寅
新滿孝便逢春　　　醉步狂歌任墮巾
散髮夷猶誰管系　　大平無事酒顚人

---

18) 인시(寅時) : 새벽 3시 ~ 5시.

∽ 개암붕 선사 송

항아리 속 풍광[19]의 장구한 세월이여
실로 깨달은 자의 초월한 행일세
영의를 탈상중에 모두 벗어던지니
한낮에 오경[20] 종을 친들 무슨 방해되랴

介庵朋 頌
壺裏風光日月長
那堪相見者邊行
靈衣孝滿都抛却
白日何妨打五更

---

19) 항아리 속 풍광이란 별천지, 별세계를 말한다. 호공(壺公)이란 사람이 항아리에서
   살았는데 비장방(費長房)이 그 속을 보니 신선세계가 펼쳐져 있었다는 고사가 있
   다.
20) 오경(五更) : 새벽 3시 ~ 5시.

ↄ 천동각 선사가 이 칙을 들고 말하였다.

　납승의 짓는 곳은 공훈이라는 것마저 다하여 벗어버리고, 뜻으로 헤아리는 것이 끊어져 초월해야 비로소 몸을 벗어난 시절이라 하는 것이니, 또 그에 대해 가리키지 않을 수 없구나.
　공훈이 밀밀한 곳이라 몸 굴리기도 어려운데 굴린 뒤의 가풍이라 또한 거리낌 없음을 터득했네.
　가만히 옛 동산을 굽어보니 푸른 빛이 눈에 비치고, 눈과 서리 흔적도 없이 깨끗이 녹으니 점점 추위를 씻어가누나.

　天童覺　擧此話云　衲僧做處　脫盡功勳　超絶情量　方有出身底時節　又不免向其間指注去也　功勳密處轉身難　轉後家風　又覺寬　黯黯舊山靑落眼　渙然霜雪　洗衰寒

 대원 문재현은 이 칙을 모두 들고나서 이르노라.

이 사람이라면 "영의를 걸치기 전이 어떠합니까?" 하면 즉시 "나
귀날이니라." 했을 것이고, "탈상 뒤엔 어떠합니까?" 하면 "나귀날
의 봄이니라." 했을 것이다.

878칙 아비가 전혀 돌아보지도 않을 때

 본 칙

조산 선사에게 어떤 선승이 물었다.

"자식이 아비에게 돌아옴을 이루었는데 어째서 아비는 전혀 돌아보지도 않습니까?"

조산 선사가 말하였다.

"이치가 그러하니라."

다시 물었다.

"부자의 은혜가 어디에 있습니까?"

조산 선사가 말하였다.

"비로소 부자의 은혜가 이루어졌느니라."

다시 물었다.

"어떤 것이 부자의 은혜입니까?"

조산 선사가 말하였다.

"도끼로 쪼개도 쪼갤 수 없느니라."

曺山 因僧問 子歸就父 爲什麼 父全不顧 師云 理合如斯 僧云 父子
之恩 何在 師云 始成父子之恩 僧云 如何是父子之恩 師云 刀斧斫不
開

ↄ 천동각 선사가 이 칙을 들고 말하였다.

　비취의 발〔簾〕 드리워 발을 내리기 전, 자줏빛 휘장 왕의 장막에서 만남이여, 보고 들음으로는 통하지 못하네.
　털끝만큼이라도 움직이면 어긋난다 하나, 밤에 달 뜸이라, 한 걸음 그윽이 옮길 때에 학이 은둥우리에서 나옴일세.
　알겠는가? 한 빛 몸이라는 것마저 벗어나니 흔적조차 없어서, 같은 가풍에 앉아 큰 공에 떨어짐도 없다네.

　天童覺 拈 翡翠簾垂 絲綸未降 紫羅帳合 視聽難通 犯動毛頭 月昇夜戶 密移一步 鶴出銀籠 還知麼 脫身一色無遺影 不坐同風落大功

∾ 천동각 선사가 다시 이 칙을 들고 말하였다.

달빛이 환히 비추는 길 입구요, 푸른 산의 지붕 꼭대기일세.
 뒤로 물러서 공을 굴려 몸과 목숨을 함께 한다.
 여기에 이르러야 비로소 도끼로 쪼개어도 열리지 않는 도리를 알
것이니, 어떻게 알아야 되겠는가? 알겠는가?
 의지할 곳 없는 몸이라는 것마저 다하여 비추니 온몸이 대도 자
체니라.

 又拈 明月路口 靑山屋頭 退步轉功 同身共命 到者裏 方知有刀斧斫
不開底道理 且作麼生體悉 還會麼 照盡體無依 通身合大道

 대원 문재현은 이 칙을 모두 들고나서 이르노라.

이 부자지간은 옥과 옥빛이라 나누려고도 합하려고도 말라.
알겠는가?

두루미는 하늘에 날아가고
백마는 초원 위에 달려가며
메뚜기는 언제나 뛰어 난다

879칙 죽은 고양이가 가장 귀하니라

 본 칙

조산 선사에게 어떤 선승이 물었다.

“세간에서 무엇이 가장 귀중합니까?”

조산 선사가 말하였다.

“죽은 고양이가 가장 귀하니라.”

선승이 다시 물었다.

“어째서 죽은 고양이가 가장 귀합니까?”

조산 선사가 말하였다.

“아무도 값을 매길 수 없기 때문이니라.”

曹山 因僧問 世間什麼物 最貴 師云 死猫兒最貴 僧云 爲什麼 死猫
兒最貴 師云 無人着價

∽ 단하순 선사 송

냄새나고 썩어 문드러져서 가까이할 수 없으니
조금만 건드려도 피로 몸을 더럽힌다
무슨 일로 아무도 값을 매기지 못하는가?
이것은 세간의 보배가 아니기 때문이다

丹霞淳 頌
腥臊烘爛不堪親
觸動輕輕血汚身
何事杳無人着價
爲伊非是世間珎

○ 천동각 선사가 이 칙을 들고 말하였다.

조산 선사의 물품과 재화는 저자에 들어온 적 없는 것이니, 자세
히 살피건대 한 푼 어치도 못 된다. 조산 선사는 천한 이를 만나면
곧 귀해지지만 나의 여기에는 귀한 이를 만나면 곧 천해진다.
　말해보라. 어긋나는 곳이 있는가?

　天童覺 拈 曹山物貨 不入行市 子細看來 直是一錢不直 曹山 遇賤
則貴 我者裏 遇貴則賤 且道 還有相違處麽

 대원 문재현은 이 칙을 모두 들고나서 이르노라.

이 사람이라면 "세간에서 무엇이 가장 귀중합니까?" 하면 "물건 보다는 저울추니라." 했을 것이다. 알겠는가?
악!

880칙 청정하게 빈 이치가 끝내 몸마저 없을 때

 본 칙

조산 선사에게 경청 선사가 물었다.

"청정하게 빈 이치가 끝내 몸마저 없을 때는 어떠합니까?"

조산 선사가 다시 물었다.

"이치는 그렇거니와 일은 또 어떤가?"

경청 선사가 말하였다.

"이치와 같이 일도 같습니다."

조산 선사가 말하였다.

"조산 한 사람은 속일 수 있으나 여러 성인의 눈이야 어찌 속이
겠는가?"

경청 선사가 말하였다.

"여러 성인의 눈이 없다면 그렇지 않은 줄은 어찌 알리오."

조산 선사가 말하였다.

"관가[官]에는 바늘도 용납되지 않으나, 사사로이는 수레도 통하
느니라."

曹山　因鏡淸問　淸虛之理　畢竟無身時　如何　師曰　理卽如此　事又作
麼生　曰如理如事　師曰　謾曹山一人　卽得　爭奈諸聖眼　何　曰若無諸聖
眼　爭鑑得介不伊麼　師曰　官不容針　私通車馬

ᢙ 대홍은 선사가 이 칙을 들고 말하였다.

"이치와 같이 일도 같습니다." 한 것은 관가에는 바늘도 용납되지 않는 것이요, "그렇지 않은 줄은 어찌 알리오." 한 것은 사사로이는 거마가 통했음을 면치 못한다.
만일 이렇지 않다면 남만 속일 뿐 아니라 자기까지 속이는 것이니라.

大洪恩 拈 如理如事 由來官不容針 爭知不伊麼 未免私通車馬 若不如是 非唯謾人 亦乃自謾

∽ 향산량 선사가 상당하여 이 칙을 들고 말하였다.

마치 돌덩이와 같은 데에서 광명이 그침이 없어야 바야흐로 길함이 있으리라. 참구해 배우는 이는 모름지기 옥과 돌을 분명히 가리되 검은 것과 흰 것에 구속받지 않아야 한다.

벽돌을 옥이라 하거나 하인을 주인이라 하여서 진여에 무지하고 미숙하면 자기에 대해서까지 어리석게 된다.

비록 그러나 감히 이르노니, 조산 선사와 경청 선사는 겨우 소금을 나누고 식초를 젓는 사람일 뿐이라 하겠다.

만일 조사의 법을 마땅히 시행한다면 그들은 하늘로 오르려고 해도 길이 없고, 땅으로 들어가려고 해도 문이 없을 것이다.

말해보라. 어떤 안목을 갖춤인가?

(말없이 보이고)

보(普)!

香山良 上堂 擧此話云 介如石焉 不終日 正吉有之矣 夫叅學者 須是玉石分明 緇素偶儻 不可將塼爲玉 指奴作郞 儱侗眞如 顢頂自己 然雖如是 敢道曹山 鏡淸 也只是介分鹽擘醋漢 若是祖法當行 敎他上天無路 入地無門 且道 具箇什麼眼目 良久云 普

∽ 대위철 선사가 이 칙을 들고 말하였다.

조산 선사가 비록 잘 쪼고 다듬으나 경청(맑은 거울이라는 뜻)의
옥이 본래 티가 없으니 어쩌랴. 알겠는가?
민첩한 손을 거치지 않으면 마침내는 못 쓰는 그릇이 되느니라.

大潙喆 拈 曺山 雖然善能切磋琢磨 其奈鏡淸 玉本無瑕 要會麽 不
經敏手 終成癈器

꾸 천동각 선사가 대중에게 보이고 말하였다.

경청 선사가 조산 선사에게 "청정하게 빈 이치가 끝내 몸마저 없을 때는 어떠합니까?" 묻자 조산 선사가 "이치는 그렇거니와 일은 또 어떤가?" 한 것에 대해 이르노라.

지혜도 이르르지 못하는 곳에서 구르는 것을 따라 궁극에 통하였다.

경청 선사가 "이치와 같이 일도 같습니다." 한 것에 대해 이르노라.

거친 가운데 밀밀함이요, 밀밀함 가운데 거침이로다.

조산 선사가 "조산 한 사람은 속일 수 있으나 여러 성인의 눈이야 어찌 속이겠는가?" 한 것에 대해 이르노라.

참은 거짓이 가릴 수 없고, 굽음은 곧음을 감추지 못한다.

경청 선사가 "여러 성인의 눈이 없다면 그렇지 않은 줄은 어찌 알리오." 한 것에 대해 이르노라.

허물을 알아 고침이요, 그릇됨을 알아 돌이킴이로다.

조산 선사가 "관(官)에는 바늘도 용납되지 않으나, 사사로이는 수레도 통하느니라." 한 것에 대해 이르노라.

소를 타고 모자를 쓰고 신을 신고 옷을 입음이나, 지금의 길을 범하지 않고 다닐 줄을 아는구나.

天童覺 示衆 云 鏡淸 問曹山 淸虛之理畢竟無身時 如何 山云 理則
如是 事又作麼生 師曰 智不到處 宛轉窮通 淸云 如理如事 師云 麤
中之細 細中之麤 山云 謾曹山一人 卽得 爭奈諸聖眼 何 師云 眞不
掩僞 曲不藏直 淸云 若無諸聖眼 爭知不伊麼 師云 知過而改 知非而
廻 山云 官不容針 私通車馬 師云 騎牛戴帽着靴衫 解行不觸今時路

᳁ 취암종 선사가 이 칙을 들고 말하였다.

이미 끝내 몸이 없는 것이 온전하게 청정하고 빈 이치임을 알았
으면 다니고 멈추고 앉고 눕는 것이 청정히 빈 것이며, 보고 듣고
느끼고 아는 것이 청정히 빈 것이며, 산하와 대지가 청정히 빈 것
이며, 생사와 열반이 청정히 빈 것이라 바로 안도 바깥도 없어서
이치와 일이 한결같으니, 마치 수정 소반 위의 밝은 구슬 같고, 유
리병 안의 보배달과 같도다.
　비록 그러나 쳐부숴야 되나니, 만일 쳐부수지 않으면 다리를 들
어 일으키지 못하리라.

　翠嵒宗　拈　旣知畢竟無身　全是淸虛之理則行住坐臥　是淸虛　見聞覺
知　是淸虛　山河大地　是淸虛　生死涅槃　是淸虛　直得無內無外　理事一
如　如水晶盤裏明珠　似瑠璃瓶內寶月　雖然如是　便須打破　若不打破
攛脚不起

ᵜ 백운병 선사가 이 칙을 들고 말하였다.

순수하고 청정하여 티가 끊어짐이여, 격 밖의 현묘한 기틀이라
뿔을 이고 머리를 높이 들었으니 온몸에 의기가 찼다.
경청 선사가 물음을 엶에, 아무도 대꾸하지 못하리라 여겨 감정
하여 시험했는데 그 또한 여전히 간격이 있구나.
말해보라. 잘못이 어디에 있는가?
바둑은 적수를 만나면 수를 감출 수 없고, 시는 거듭 읊을 때에
비로소 공(功)을 알게 되느니라.

白雲昺 拈 純淸絶點 格外玄機 戴角擎頭 全身意氣 鏡淸 致介問頭
將謂無人出得 及乎勘驗將來 又却飜成漏逗 且道 警訛 在什麼處 碁
逢敵手難藏行 詩到重吟始見功

 대원 문재현은 이 칙을 모두 들고나서 이르노라.

조산 선사와 경청 선사 모두 대단하나 좋은 일도 없음만 못하다
않았던가. 어째서인고?
(천연스럽게 사방을 두루 보며)
더 말할 것 없느니….

881칙 선정 전에 듣는가, 선정 후에 듣는가

 본 칙

조산 선사가 덕 상좌에게 물었다.

"보살이 선정에서 코끼리가 강을 건너는 소리를 듣는다[21] 하는데
어떤 경에서 나온 말인가?"

덕 상좌가 대답하였다.

"열반경입니다."

조산 선사가 다시 물었다.

"선정 전에 듣는가, 선정 후에 듣는가?"

덕 상좌가 대답하였다.

"화상도 떠내려 가셨습니다."

이에 조산 선사가 말하였다.

"이르기는 대단하게 일렀으나 겨우 반밖에 이르지 못했다."

덕 상좌가 물었다.

---

21) 경(經)에 토끼, 말, 코끼리가 강을 건너는 이야기가 나오는데, 토끼는 헤엄쳐서 건
너갈 때 다리가 짧아서 발이 바닥에 닿지 않고, 말은 어떤 때는 닿기도 하고 어떤
때는 닿지 않기도 하고, 큰 코끼리는 언제나 그 발이 바닥을 밟는다. 이것은 깨달
음이 철저한 것을 비유한 것이다.

"화상은 어떠하십니까?"

조산 선사가 말하였다.

"여울[22]에서 잡아라."

曹山 問德上座 菩薩 在定 聞香象渡河 出什麼經 德云 涅槃經 師云
定前聞 定後聞 德云 和尙流也 師云 道則大殺道 只道得一半 德云
和尙 如何 師云 灘下接取

---

22) 여울 : 물살이 빠르고 세찬 곳.

⌒ 천동각 선사가 이 칙을 들고 말하였다.

물이 깊고 고요한 나루터, 푸른 하늘 빛이로다. 나뉠 수 없는 경지에 공이 가지런하니 우뚝 솟아 굴린 것을 세세히 본다.
곤륜손의 황금결박을 벗어던지니, 콧구멍을 메워 드리워도 거둘 수 없다.

天童覺 拈 淵然之津 皓然之色 混處功齊 細看轉仄 崑崙脫手黃金繩
鼻孔纍垂收不得

∽ 천동각 선사가 다시 상당하여 이 칙을 들고 말하였다.

덕 상좌는 참으로 병을 알고, 조산 선사는 약을 잘 쓸 줄 안다. 만일 이렇게 알면 그대들이 안락할 분수가 있다고 허락하거니와, 그렇지 못하면 이 사람이 죽은 말 고치는 의원을 면치 못하리라.

건너서 취한 공(功)보다 들어 깨달음이 적실하다. 코끼리가 강 건너는 것은 대가라야 아느니라.

又上堂 擧此話云 德上座 眞介識病 曹山 善解下藥 若伊麽會去 許你有安樂分 其或未然 不免作死馬醫去也 取涉乎功 聞得之的 香象渡河 大家體悉

∽ 운문고 선사가 이 칙을 들고 말하였다.

어디로 가는가?

雲門杲 拈 什麼處去也

 대원 문재현은 이 칙을 모두 들고나서 이르노라.

어떤 이가 묻기를 "보살이 선정에서 코끼리가 강을 건너는 소리를 듣는다 하는데 어떤 경에서 나온 말인가?" 하면 "이 경이다." 하고 "이 경이 어떤 경인가?" 하면 "말뚝이다." 했을 것이다.

또 누가 내게 묻기를 "선정 전에 듣는가, 선정 뒤에 듣는가?" 한다면 "제주 돌담이다." 했을 것이다.

882칙 물 속의 달과 같다

 본 칙

조산 선사가 덕 상좌에게 물었다.

"부처님의 참 법신은 허공과 같아서 물건에 응해 형상 나투기를 마치 물 속의 달과 같이 한다[23] 하는데 어떤 것이 이 응하는 도리라 하겠는가?"

덕 상좌가 말하였다.

"나귀가 우물을 보는 것 같습니다."

조산 선사가 다시 말하였다.

"이르기는 대단하게 일렀으나 겨우 팔분만을 일렀다."

덕 상좌가 다시 말하였다.

"화상은 어떠하십시까?"

조산 선사가 말하였다.

"우물이 나귀를 보는 것 같느니라."

---

23) 이것은 금광명경(金光明經)에 나오는 말씀이다.

曹山 問德上座 佛眞法身 猶若虛空 應物現形 如水中月 作麼生說介
應底道理 德云 如驢覷井 師云 道則大殺道 只道得八成 德云 和尙
又如何 師云 如井覷驢

∽ 천동각 선사 송

나귀가 우물을 본다 하고, 우물이 나귀를 본다 함이여
지혜는 수용함에 밖이 없고
청정함은 다 품어도 남음이 있구려
누가 이러한 분인고
문서란 것 쌓아둔 적 없는 집안이라
베틀의 실을 북〔梭〕에 건 일도 없이
종횡한 문채의 뜻 스스로 빼어나네

天童覺 頌
驢覷井井覷驢
智容無外
淨涵有餘
肘後誰分印
家中不蓄書
機絲不掛梭頭事
文彩縱橫意自殊

∽ 법진일 선사 송

물건에 응하여 형상을 나타냄이 물 속의 달과 같다 하니
응하는 곳에 정을 두지 않는 줄 알리라
나귀가 우물 보는 것으로 비유할 수 없고
우물이 나귀를 본다 한들 어찌 원만하랴

(이 기록은 섬 수좌가 동산에게 물었다고 되어 있다.)

法眞一 頌
應物現形如水月
當知應處不留情
如驢覷井終難喩
如井覷驢何十成
(此本蟾首座問洞山)

✆ 무위자 선사 송

나귀가 우물을 본다 하고 우물이 나귀를 본다 함이여
오대산 어디인들 문수가 아니랴
황면노인[24] 마음대로 허다히 말했으나
팔분도 일렀다고 말할 수 없다

無爲子 頌
驢覷井井覷驢
五臺何處不文殊
黃面老人任多口
未知道得八成無

---

24) 황면노인(黃面老人) : 부처님을 말한다. 이 칙에서 조산 선사가 덕 상좌에게 물을
   때 "부처님의 참 법신은 허공과 같아서 물건에 응해 형상 나투기를 마치 물 속의
   달과 같이 한다."라고 부처님 경전의 말씀을 인용했는데, 그에 대해 한 말이다.

㊂ 서암홍 선사가 이 칙을 들고 말하였다.

그 선승은 비로소 절반을 말했고, 조산 선사는 팔분을 이룩했다.
전부를 이르기를 바라는가? 우물이 우물을 보는 것과 같으니라.

瑞嵓鴻 拈 遮僧 始道一半 曹山 方得八成 要得全道麽 如井覰井

〇 대홍은 선사가 이 칙을 들고 말하였다.

설사 우물이 우물을 보는 것 같다 했다고 하더라도 바른 안목으
로 보건대 어찌 나귀가 나귀를 보는 것과 같으리오.
만일 저 나귀 얼굴을 안다면 일생의 행각한 일을 마쳤다 하리라.

大洪恩 拈 直得道如井覰井 以正眼觀之 何似如驢覰驢 若識這驢面
漢 一生行脚事畢

ᑇ 악림규 선사가 상당하여 말하였다.

기억하건대 아까 어떤 선승이 이 공안을 들어 "이 뜻이 무엇입니까?" 하기에 산승이 그에게 "한 줄기 신령한 풀이 겁 이전에 빼어나고, 점점 눈이 이글대는 화롯불 속에 흩어진다." 하였느니라.

좋구나! 선덕들아, 나귀가 우물을 보는 것 같다 함에, 우물이 나귀를 보는 것 같다 한 것이 괜히 집어들어 가려낸 것 같으나 완연히 차이가 있다.

한 줄기 신령한 풀이 겁 이전에 빼어나고 점점 눈이 이글대는 화롯불 속에 흩어진다 했으니, 높고 낮음에 임하는 신묘함이여, 봄을 머금은 만상의 근원이 되는 기운이요, 신령한 광채가 끊임이 없음이여, 밤에 방저[25]를 비춤이로다.

그림자와 형상이 없어지고 틀과 규칙을 벗어나니, 바람은 푸른 하늘을 지나고 달은 강호에 비쳤다.

어느 때고 있으나 있다고 할 곳마저 없으니, 두두물물마다 스스로 갖추고 있으며, 티끌마다 세계마다 그를 만나도다.

영원히 밝음이 거울 같아 고금을 융화하니, 모든 오점을 다하여 더럽힘이 없어 순수한 청정함이 태허와 혼연히 일치하도다.

---

25) 방저(方諸) : ① 이슬을 담은 용기. 한(漢)나라 무제는 신선이 되려고 승로반(承露盤)을 세웠다. 높이가 20장(丈)이나 되는 구리기둥 위에 신선상(仙人像)이 받쳐 든 구리쟁반에 옥그릇을 올려놓고 하늘에서 내리는 이슬을 받아먹어 불로장생을 꾀하였다. ② 신선이 살던 곳.

岳林珪 上堂 云 記得 適來僧 擧曺山 問德上座 佛眞法身 猶若虛空
至如井覰驢 未審此意如何 山僧 對他道 一枝靈草劫前秀 片雪紅爐焰
裏敷 好 諸禪德 如驢覰井 如井覰驢 等閑拈掇 宛爾有殊 一枝靈草劫
前秀 片雪紅爐焰裏敷 妙應高低兮 含春正氣 神光不間兮 照夜方諸
亡影像脫規模 風行碧漢 月在江湖 無時有有處無 頭頭物物 俱是我
塵塵刹刹 摠逢渠 長明似鏡融今古 絶點純淸混大虛

∞ 운문고 선사가 보설할 때에 이 칙을 들고 말하였다.

　제방에서 헤아리기를 "나귀가 우물을 보는 것 같다 함은 자취가
있는 것이요, 우물이 나귀를 보는 것 같다 한 것은 자취가 없는 것
이다." 하며, 또는 "자취를 쓸어버려 정이 없어야 한다." 하니, 교섭
이 없었던 것이 다행이지 만약 그렇지 않았다면 이 도리가 아니리.

　雲門杲　普說　擧此話云　諸方商量道　如驢覻井　是有跡　如井覷驢　是
無跡　又喚作亡情拂跡　且喜沒交涉　要且不是遮箇道理　云云

 대원 문재현은 이 칙을 모두 들고나서 이르노라.

만약 어떤 이가 지금 내게 묻기를 "어떤 것이 이 응하는 도리라 하겠는가?" 하면 지체없이 "험! 보이고 들리는 것, 거기에 온통 드러났거늘 어찌 새삼스럽게 이 입을 빌리리오." 했을 것이다.

883칙 변함이 없는 곳

 본 칙

조산 선사가 하직하려 하니 동산 선사가 말하였다.

"어디를 향해 가려는가?"

조산 선사가 대답하였다.

"변함이 없는 곳으로 갑니다."

동산 선사가 다시 물었다.

"변함이 없는 곳에 어찌 감〔去〕이 있겠는가?"

조산 선사가 말하였다.

"가도 변함이 없습니다."

조산 선사가 가버렸다.

曹山 辭洞山 山云 子向什麼處去 師云 不變異處去 洞山云 不變異
處 豈有去耶 師云 去亦無變異 遂辭去

∞ 단하순 선사 송

집집마다 문을 닫았는데 달빛 비치고
곳곳마다 꾀꼬리 소리와 버들에 바람이라
변함없는 가운데 자유자재한다고 해도
칼을 던져 허공에 휘두르는 것 같으리

丹霞淳 頌
家家門掩蟾蜍月
處處鴬啼楊柳風
若謂縱橫無變異
猶如擲劍擬揮空

〰 장산근 선사가 이 칙을 듣고 말하였다.

　무릇 납자들이 겨드랑 밑에 푯말(신분을 증명하는 것)을 차고, 정수리 위에 안목을 갖추어 일체 만 가지 경계와 만 가지 인연을 당장에 앉아 끊으면 이 어찌 변함이 없는 것 아니겠는가?
　무슨 까닭인가? 금강의 바른 몸은 가없어 이러-히 움직임이 없기 때문이다. 조산 선사가 비록 이 뜻을 얻었으나 동산이 아기를 귀여워하다가 추해졌음을 모르니 어찌하랴.
　만일 산승이라면 그가 말하기를 "변함이 없는 곳으로 갑니다." 할 때에 다만 그에게 말하기를 "이 사람아, 문 밖을 나서기도 전에 벌써 변해버렸네." 하였을 것이다.

　將山勤 拈 大凡衲僧 佩肘臂下符 具頂門上眼 向一切萬境萬緣 當頭坐斷 豈不是箇無變異 何故 金剛正體 湛寂凝然 曹山 雖得此意 爭奈洞山憐兒不覺醜 若是山僧 待他道向不變異處去 只向他道 者漢 未出門 早變了也

⌒ 장산근 선사가 다시 이 칙을 들고 말하였다.

스스로 실다운 경지를 밟은 이가 아니라면 어찌 이토록 철저하였으리오. 어찌 언어로써 기틀을 생각하여 가히 측량할 바이겠는가.

대개 깊고 지극한 곳을 밟아서 젖거나 샘이 없는 경지에 이른 뒤에야 그물이나 굴레에 머무르지 않으리라.

도를 배우는 선비는 뜻을 세우되 몸을 돌보지 않고 죽고 삶을 하나로 여기니, 고금이 혼연하여 왕래가 끊겼다.

모름지기 상류의 경지에 이르르려면 지극한 참 깨달음의 실답고 깊은 영역에 자기가 청정함으로 밝게 드러나 털끝만한 뜻이나 생각, 티끌 인연에 떨어짐 없이 당장에 마음이 마른 나무와 썩은 그루터기같아야 하며, 마치 죽은 사람같이 숨기운이 아주 없어 마음에 마음이라는 앎도 없고, 생각에 생각이라는 머무름도 없어서, 천성인이 나오더라도 옮기거나 바꿀 수 없어야 비로소 마른 나무에 꽃이 피며 대기(大機)를 발하고 대용(大用)을 일으켜 자비를 운용하리니, 이것이야말로 공 없는 공이며 지음 없는 지음이라. 어찌 시비와 득실에 떨어짐이겠는가?

한 터럭만치라도 남겨둠이 있으면 생사의 경계에 걸리게 되니 자기도 제도하지 못하거늘 어찌 남을 제도하랴.

유마 대사가 금속(金粟)의 지위에도 머무름 없이 술집, 음행집에 들어 큰 해탈의 불사를 하였고, 방 거사는 보처응신이면서도 도솔

천에 머무름 없이 진기한 보배를 버렸다.

한강(漢江)에서 조리를 만들었고 대종사들과 법을 드날리고, 주었다 빼앗았다 했으니, 이러한 위로부터의 격식은 안 그런 이가 없다.

모름지기 방울물이 방울로 얼듯이, 조정이나 야인을 가리지 않고 단련해야 되나니, 조산 선사와 유마힐과 노방(老龐)과 같아야 가위 자비와 서원을 버리지 않았다 함이 옳지 않겠는가?

그 밖의 세간의 분분하고 어지러운 티끌은 어찌 가슴에 둘 필요가 있으랴.

又擧此話云 自非踏着實地 安能透徹如此 豈以語言機思 所可測量哉 盖履踐深極 到無滲漏之地然後 羅籠不住 學道之士 立志 外形骸 一死生 混古今絶去來 要須攀上流 造詣至眞諦實淵奧閫域 打辦自己 拔 白露淨 無絲毫意想 墮在塵緣 直下 心如枯木朽株 如大死人 無些氣息 心心無知 念念無住 千聖出來 移換不得 乃可以向枯木上生花 發大機起大用 興慈運悲 乃無功之功 無作之作 豈落得失是非哉 纔留 一毫毛則抵捂於生死界 自己 未能度 安可度人 維摩大士 不住金粟位 入酒肆婬坊 作大解脫佛事 龐老子 補處應身 不住兜率陁 弄却珎寶 漢江 織苽籬 與大宗師 擊揚與奪 此段從上體裁 莫不皆爾 要須滴水 滴凍 不拘朝野陶冶煆煉 如曹山 摩詰 老龐 乃可以不癈悲願 不亦宜乎 自餘人間世紛紜塵坌 何足致胸次哉

∽ 자항박 선사가 상당하여 이 칙을 들고 말씀하였다.

좋구나! 형제여, 변함이 없음을 알면 사는 것 역시 그러하니라.
모름지기 믿어라. 이쪽저쪽에 응하여 씀에 모자람이 없고, 서로 함
께 통하여 혈맥이 끊임이 없느니라.

慈航朴 上堂 擧此話云 好 兄弟 知不變異 住亦如然 須信者邊那邊
應用不缺 回互傍來 血脈不斷

 대원 문재현은 이 칙을 모두 들고나서 이르노라.

동산이 "어디를 향해 가려는가?" 했을 때 "물으심과 같이 갑니다." 했어야 했다. 알겠는가?

농선당[26] 앞뜰의 장미는 환히 웃는데
뒷산의 쑥국새는 저리 슬피 우는군

험!

---

26) 농선당(弄禪堂) : 역저자인 대원 문재현 선사님이 기거하는 곳으로, 농선(弄禪)이란 '선(禪)을 농한다'는 뜻이다.

884칙 부처님 앞을 쓰는가, 부처님 뒤를 쓰는가

 본 칙

조산 선사가 어떤 선승에게 물었다.

"무엇을 하는가?"

선승이 대답하였다.

"마당을 씁니다."

조산 선사가 다시 물었다.

"부처님 앞을 쓰는가, 부처님 뒤를 쓰는가?"

선승이 대답하였다.

"앞뒤를 일시에 씁니다."

조산 선사가 말하였다.

"가사를 내게로 가져오너라."

曹山 問僧 作什麼 僧云 掃地 師云 佛前掃 佛後掃 僧云 前後一時
掃 師云 與我過袈裟來

조산 선사가 부처님의 앞을 쓰는가 뒤를 쓰는가 하자
선승이 앞뒤를 일시에 쓴다 함에
도리어 나에게 가사를 가져오라 하심이여
주객으로 구른 어리석음을 보았기 때문일세

崇勝珙 頌
山問佛前佛後掃
僧云前後一時掃
却教與我拈袈裟
主賓轉見沒頭腦

∽ 육왕심 선사 송

일시에 모두 쓴단 말, 까닭이 있으니
작가가 떠봄에 속마음을 보냄이라
가사를 가져다가 내게 달라 하심이여
풍류가 없는 곳에 풍류로세

育王諶 頌
一時俱掃有來由
作者堪將底意酬
度取袈裟來與我
不風流處也風流

 대원 문재현은 이 칙을 모두 들고나서 이르노라.

"부처님 앞을 쓰는가, 부처님 뒤를 쓰는가?" 했을 때 "이 빗자루
가 나보다 먼저 일렀습니다." 했어야 했다.

885칙 단정히 앉아 두렷하고 두렷할 때

 본 칙

조산 선사에게 어떤 선승이 물었다.

"단정히 앉아 두렷하고 두렷할 때가 어떠합니까?"

조산 선사가 말하였다.

"볼 몸이 없느니라."

다시 물었다.

"바뀌어 작용함이 있습니까?"

조산 선사가 말하였다.

"앉았다 할 때 이미 작용함이니라. 산을 옮기거나 바다를 메우거
나 선을 이야기하거나 도를 이야기해야만 작용함이 되는 것이 아
니니라."

曹山 因僧問 端坐團圓時如何 師云 望不見身 進云 還假用也無 師
云 纔說坐時便是用也 不可移山塞海 說禪說道方 爲用也

두렷하고 두렷하거늘 청정한 빈 이치라고도 하지 말라
만약 청정히 빈 것이라고 말한다면 모두 몸을 상한 것이다
기실은 눈썹이 눈을 물음이니
눈동자가 어찌 자신의 눈동자를 본다고 할꼬

法眞一 頌
團圓莫謂淸虛理
若謂淸虛摠喪身
却是眉毛曾問眼
烏睛那自見瞳人

 대원 문재현은 이 칙을 모두 들고나서 이르노라.

신령한 의원이 병을 따라 약을 주듯이 조산 선사가 잘 이끄셨으
나 어찌하랴. 둘째 달도 아닌 달 그림자 설명이나 한 것임을….

험!
이 달은 사월이고
내일은 식목일일세

886칙 밀밀처

 본 칙

조산 선사가 대중에게 보이고 말하였다.

"제방에서 모두가 격외의 칙을 참구하는데 어찌하여 일전어[27]를 일러 그들로 하여금 의심이 없도록 하지 못하는가?"

운문 선사가 얼른 물었다.

"밀밀처이거늘 어째서 알지 못합니까?"

조산 선사가 말하였다.

"다만 밀밀하기 때문이다. 그러므로 있음을 알지 못하느니라."

(설두 선사가 특별히 말하기를 "달마가 왔느니라." 하였다.)

운문 선사가 다시 물었다.

"이 사람을 어떻게 해야 뵈오리까?"

조산 선사가 말하였다.

"밀밀처이거늘 보려고 할 것도 없다."

운문 선사가 말하였다.

"밀밀처여서 보려고 할 것도 없을 때는 어떠합니까?"

---

27) 일전어(一轉語) : 깨달음의 경지에서 한마디 이르는 말.

조산 선사가 말하였다.

"비로소 보느니라."

운문 선사가 말하였다.

"예. 예."

曹山 示衆云 諸方 盡把格則 何不與他道一轉語 教伊不疑去 雲門
便問 密密處 爲甚不知有 師云 只爲密密 所以 不知有(雪竇別達磨來
也) 門云 此人 如何親近 師云 莫向密密處親近 門云 不向密密處親
近時如何 師云 始解親近 門應喏喏

೮ 운문고 선사가 이 칙을 들고 말하였다.

탁한 기름을 다시 젖은 등잔 심지에 붓는구나.

雲門杲 拈 濁油 更着濕燈心

∽ 죽암규 선사가 상당하여 이 칙을 들고 말하였다.

대중아! 밟아 이르르는 것은 기틀과 인연이 묘하게 맞아서이니 말로 할 길이 없느니라.

산승은 감히 여러분께 물을 거스르는 파도가 있기를 바라지 않고 그저 흐름을 따라 알게 하려는 것이니 약간 비슷하다 할 것이다.

산승이 밀밀처라 하는 것을 여러분은 알지 못하니, 만일 항상 앞에 나타나기를 바란다면 밖으로 달려 먼지에 버선이 더럽혀지는 것을 싫어할 것도 없이, 오직 입을 벽에 걸기를 요망할 뿐이다.

한 구절에 법신을 꿰뚫으려는가?

남쪽을 향해 북두를 보라.

(높은 소리로 외치기를)

뵙고 뵈었느니라.

(다시 말하기를)

돌아오고도 알지 못할까 걱정인데 어찌 밖으로 다니는가.

竹庵珪 上堂 擧此話云 大衆 履踐得到 機緣 方妙故 無話路 山僧 不敢望諸人 有逆水之波 只是隨流認得 猶較些子 山僧密密處 諸人 不知有 若欲常現前 把臂外邊走 不嫌塵涴韈 只要壁掛口 一句透法身 面南看北斗 師遂高聲云 親近來親近來 復云 猶恐歸來不相識 那堪把 臂外邊行

∽ 공수 화상이 이 칙을 들고 말하였다.

두 큰 노장이 비록 금바늘을 잡아서 남모르게 건네주어 실이 가고 실이 오며, 하나를 들어 셋을 밝히며, 머리를 붙들어 꼬리까지 접했으나 바야흐로 제방의 격외의 칙에 떨어졌으니, 어찌해야 모든 사람을 의심치 않게 할 수 있으랴.

육왕에게 칼날을 드러낸 불가사의한 칼이 있으니, 일제히 그를 위해 베어버리리라.

(주장자를 높이 세우다.)

空叟和尙 擧此話云 二大老 雖則金針暗度 線去絲來 擧一明三 扶頭接尾 其奈正墮諸方格則 爭得諸人不疑 育王 有露刃神鋒 一齊爲伊斬斷 卓柱杖

 대원 문재현은 이 칙을 모두 듣고나서 이르노라.

당시에 "어찌하여 일전어를 일러 그들로 하여금 의심이 없도록 하지 못하는가?"라고 물을 때 나라면 "산에 가면 산의 모든 것들이, 들에 가면 들의 모든 것들이, 강에 가면 강의 모든 것들이 온통 이르거늘 난들 어찌 그러지 않았겠습니까? 다만 스스로 듣지 못할 뿐입니다." 했을 것이다.

887칙 제접하지 않겠다

 본 칙

조산 선사에게 어떤 선승이 다섯 지위로 손을 대하는 법문을 물으니, 조산 선사가 말하였다.

"그대는 지금 어느 지위에서 묻는가?"

선승이 대답하였다.

"제가 치우친 지위에서 왔으니, 스님께서는 바른 지위로 제접해 주십시오."

이에 조산 선사가 말하였다.

"제접하지 않겠다."

선승이 다시 물었다.

"어째서 제접하지 않으십니까?"

조산 선사가 말하였다.

"치우친 지위에 떨어질까 걱정이로다."

조산 선사가 다시 물었다.

"다만 제접하지 않는 것이 손을 대하는 것인가, 손을 대하지 않는 것인가?"

선승이 대답하였다.

"벌써 손을 대해 마쳤다고 봅니다."

조산 선사가 말하였다.

"그렇다. 그렇다."

曹山 因僧問 五位對賓 師云 汝今問那介位 僧云 某甲 從偏位中來
請師正位中接 師云 不接 僧云 爲什麼不接 師云 恐落偏位中去 師復
問僧 只如不接 是對賓 是不對賓 僧云 早見對賓了也 師云 如是如是

∽ 단하순 선사 송

달 속의 옥토끼가 밤에 새끼를 배었고
해 속의 금까마귀가 아침에 알을 품네
칠같이 검은 곤륜이 눈을 밟고 다님이여
몸을 굴려 유리그릇마저 부숨일세

丹霞淳 頌
月中玉兔夜懷胎
日裏金烏朝抱卵
黑漆崑崙踏雪行
轉身打破琉璃椀

 대원 문재현은 이 칙을 모두 들고나서 이르노라.

두 분 모두 옳기는 옳으나 아니다.

창공에 기러기는 팔자 그려 날아가고
배고픈 흑곰은 눈 위에서 바라본다

산집의 저녁연기 서광으로 오르고
그 속의 아이소리 고요를 더하누나

서쪽의 능선에는 노을마저 짙으니
일없는 나그네가 걸음을 멈춰 섰네

888칙 뛰어난 가운데 뛰어남

 본 칙

조산 선사에게 어떤 선승이 물었다.

"천산이 눈에 덮였거늘 어째서 한 봉우리가 홀로 드러났습니까?"

조산 선사가 말하였다.

"뛰어난 가운데 뛰어남이 있는 줄 알아야 되느니라."

다시 물었다.

"어떤 것이 뛰어난 가운데 뛰어남입니까?"

조산 선사가 말하였다.

"천산의 덮임 없는 봉우리니라."

曹山 因僧問 雪覆千山 爲什麽孤峯獨露 師云 須知有異中異 進云
如何是異中異 師云 不覆千山頂

ꝏ 낭야각 선사가 상당하여 이 칙을 들고 말하였다.

조산 선사가 자비가 깊어서 중생을 이끌었는데 알려 하면 알 수
없다.
산승은 여기서 그렇게 하지 않으리니 "어떤 것이 뛰어난 가운데
뛰어남입니까?" 하면 "점점 매화꽃잎이 날리듯 땅에 떨어진다." 하
리라.

琅琊覺 上堂 擧此話云 曹山 慈悲濃厚 接引群生 要會 卽不可 山僧
者裏 不然 如何是異中異 片片梅花飛落地

 대원 문재현은 이 칙을 모두 들고나서 이르노라.

"천산이 눈에 덮였거늘 어째서 한 봉우리가 홀로 드러났습니까?" 하면 이 사람은 "한 봉우리라 당초부처 덮을 것이 없다." 할 것이다.

"왜 그렇습니까?" 하면 "천산도 이르거늘 듣지 못했던가?" 하리라.

889칙 마음의 길이라는 것도 가지 말고

 본 칙

조산 선사가 말하였다.

"마음의 길이라는 것도 가지 말고, 본래의 옷이라는 것도 걸치지 말라. 어찌 다시 이러랴. 나기 이전이라 해도 심히 꺼릴 것이니라."

曹山 云 莫行心處路 不掛本來衣 何須更伊麽 切忌未生時

∞ 낭야각 선사가 이 칙을 들고 말하였다.

한 물건의 뜻을 상하지 않는 한 구절을 어떻게 이르겠는가?
(말없이 보이고)
뜰 앞의 푸른 대는 참선하는 사람이 심었고, 산마루의 푸른 솔은
들나그네가 가꾸느니라.

琅琊覺 拈 不傷物義一句 作麼生道 良久云 庭前翠竹 禪人種 嶺上
靑松 野客栽

 대원 문재현은 이 칙을 모두 들고나서 이르노라.

본래 철저히 밖이 없고 본래 철저히 안이 없거늘,
조산 선사여, 쉬고 쉴지어다.

떨어진 오동잎은 갈지자를 그리고
하늘의 흰 구름은 백학으로 날아가며
초가을 들소울음 정적으로 번진다

890칙 홀로 가난하니, 스님께서 구제해 주십시오

 본 칙

조산 선사에게 어떤 선승이 물었다.

"청예가 홀로 가난하니, 스님께서 구제해 주십시오."

조산 선사가 말하였다.

"예(銳) 사리야! 가까이 오라."

선승이 가까이 오니, 조산 선사가 말하였다.

"전주백가의 술 석 잔에도 오히려 입술도 젖지 않았다 하는구나."

曹山 因僧問 清銳孤貧 乞師拯濟 師云 銳闍梨 近前來 僧 近前 師
云 泉州白家酒三盞 猶道未沾唇

∽ 백운병 선사 송

집에 가득한 황금을 긍정하여 가까이 않고
오호라, 구차하게 스스로가 가난을 한하네
공연히 다시 석 잔 술 마시고
취한 뒤 녹초가 되어 사람들을 웃기네

白雲昺 頌
滿屋黃金不肯親
吁嗟甘自怨孤貧
無端更飲三盃酒
醉後郞當笑殺人

∽ 육왕심 선사 송

너무나도 홀로 가난하여 가련한 청예에게
백가의 술 석 잔도 입에 들어오지 않았다 하느냐 함이여
옛동산의 풍물을 취해 자재한 이가
그저 술만 깬 사람을 저버리지 않음일세

育王諶 頌
可憐淸銳大孤貧
白酒三盃未入脣
趁取故園風物在
不須辜負獨醒人

೮ 설두현 선사가 특별히 말하였다.

청예 사리가 대답함이여, 이 무슨 마음인가?

雪竇顯 別 銳闍梨應喏 是什麽心行

∽ 현각 선사가 추궁하였다.

어디가 그에게 술을 먹인 곳인가?

玄覺 徵 什麼處是與他酒喫

ᔆ 송원 선사가 상당하여 이 칙을 들고 말하였다.

청예 사리는 벽돌을 던져 옥을 끌어올리려 하였으나 날벽돌과 바뀐 줄은 몰랐고, 조산 선사는 비록 오는 바람을 깊게 가려낼 줄 알았으나 아깝게도 제일가는 본분 초료를 그에게 주어서 지금 검은 산 밑에서 살림을 차리는 것을 면하도록 하지 못했다.

松源 上堂 擧此話云 銳闍梨 抛塼引玉 不知換得介墼子 曹山 雖來風深辨 可惜 不一等與他本分草料 免致今時 向黑山下作活計

 대원 문재현은 이 칙을 모두 들고나서 이르노라.

당시에 이 사람이었다면 "사리여!"라고 불러서 "예." 대답을 하면
"이제는 도솔천 내원궁도 부러워할 게 없느니라." 했을 것이다.

891칙 마음의 길에 이끼가 끼었을 때

 본 칙

조산 선사에게 경청 선사가 물었다.

"마음의 길에 이끼가 끼었을 때가 어떠합니까?"

조산 선사가 말하였다.

"도 얻기가 어려우니라."

경청 선사가 다시 물었다.

"어디로 갔습니까?"

조산 선사가 말하였다.

"이끼가 긴 것만 보고 어디로 갔는지는 모르는구나."

曹山 因鏡淸 問 心徑苔生時如何 師云 難得道者 淸云 向甚麼處去
也 師云 只見苔生 不知向甚麼處去

∽ 천동각 선사가 이 칙을 들고 말하였다.

구절 속에서 종(宗)을 밝히기는 쉬우나 종 안에서 적확하게 분명
히 하기는 어려우니 모름지기 이러한 시절에 이르러야 된다.

색에 구르나 볼 몸도 없어, 공이랄 것마저 없어서 지위를 모르나,
훌륭한 장인(匠人)이 한 번 쳐서 진흙을 깎음에 조사의 석 자 코를
범함이 없는지라, 자손이 떠난 뒤라면 누구와 함께 청빈을 지키며,
신하와 백성들이 물러간 뒤라면 혼자라 존귀하다고 자칭할 것도
없느니라.

天童覺　擧此話云　句裏明宗則易　宗中辨的則難也　須是到箇時節　始
得　色轉不見身　功亡不知位　絶憐大匠一斲泥　不犯祖師三尺鼻　兒孫去
後　阿誰共守淸貧　臣庶退時　獨自難稱尊貴

◌ 공수 화상이 이 칙을 들고 말하였다.

중독된 말을 마른 말뚝에 매어 두었구려.

空叟和尙 擧此話云 癩馬繫枯椿

 대원 문재현은 이 칙을 모두 들고나서 이르노라.

　당시에 이 사람이라면 "넘어진 일은 없었던가?" 해서 응답에 따
라 이끌었을 것이다.

892칙 마음도 아니고 부처도 아닌 것

 본 칙

조산 선사에게 어떤 선승이 물었다.

"마음이 곧 부처라는 것은 묻지 않겠거니와 어떤 것이 마음도 아니고 부처도 아닌 것입니까?"

조산 선사가 말하였다.

"토끼의 뿔은 없애려 할 것도 없고 소의 뿔은 있게 하려 할 것도 없느니라."

曹山 因僧問 卽心卽佛 卽不問 如何是非心非佛 師云 兎角 不用無牛角不用有

∽ 심문분 선사가 이 칙을 들고 말하였다.

조산 선사는 남게도 가르치지 않았고 모자라게도 가르치지 않았으니, 양쪽이 평평하다 하겠으나 아직은 격식을 벗어난 구절이라 하지는 못하리라. 격식을 벗어난 구절을 알고자 하는가?

홀로 초연히 짝이 없으니, 온통 몸이라 가고 오는 자취가 없다.

心聞賁 拈云 曹山不教剩不教欠 可謂兩平 然 則未是出格句 要識出格句麼 獨立超然無伴侶 通身不顯去來蹤

 대원 문재현은 이 칙을 모두 들고나서 이르노라.

조산 선사가 더하지도 덜하지도 않았다고들 하지만 "어떤 것이 마음도 아니고 부처도 아닌 것입니까?" 하면 대원은 "소 발톱은 둘 이다." 했을 것이다.

893칙 사문의 행

 본 칙

조산 선사에게 운문 선사가 물었다.

"어떤 것이 사문의 행입니까?"

조산 선사가 말하였다.

"상주[28] 곡식을 먹느니라."

운문 선사가 다시 물었다.

"그렇게 갈 때엔 어떠합니까?"

조산 선사가 말하였다.

"너는 기르고 있느냐?"

운문 선사가 대답하였다.

"학인은 기르고 있습니다."

조산 선사가 다시 물었다.

"어떻게 기르고 있느냐?"

운문 선사가 대답하였다.

"옷 입고 밥 먹는 일이 무엇이 어려울 것이 있겠습니까?"

---

28) 상주(常住) : 절에 속하는 토지와 기물 따위의 곡식을 통틀어 이르는 말.

조산 선사가 말하였다.

"왜 털을 쓰고 뿔을 머리에 이었다고 이르지는 않는가?"

운문 선사가 절을 하였다.

曹山 因雲門 問 如何是沙門行 師云 喫常住苗稼者 門云 便伊麽去
時如何 師云 你還畜得麽 門云 學人 畜得 師云 作麽生畜 門云 着衣
喫飯 有什麽難 師云 何不道披毛戴角 門 禮拜

∽ 운문고 선사가 이 칙을 들고 말하였다.

두 존숙의 이런 문답이 나귀 태, 말 배에서 살림을 하는 꼴을 면
치 못한 것이다.

비록 그러나 개가 사면하는 칙서를 물고 가니 제후도 길을 피하
느니라.

雲門杲 擧此話云 二尊宿伊麼問荅 未免在驢胎 馬腹裏作活計 雖然
如是 狗含赦書 諸候避道

 대원 문재현은 이 칙을 모두 들고나서 이르노라.

명창과 고수가 어우러짐이라고 할까나. 좋고 좋구나.

연녹색 산기슭에 벚꽃은 화려하고
하늘 덮은 구름에 바람까지 좋아라

정각의 시조가락 담장 너머 번지고
저 제비 경쟁하듯 열창을 하는구나

이태백의 곧은 낚시 파도 위에 던져놓은
노옹의 얼굴에 미소마저 가득하네

894칙 조사의 뜻은 없습니다

 본 칙

담주 용아산 거둔 선사가 처음에 취미 선사에게 참문하여 물었다.

"어떤 것이 조사께서 서쪽에서 오신 뜻입니까?"

취미 선사가 말하였다.

"선판을 내게로 건네다오."

용아 선사가 선판을 건네주니, 취미 선사가 받자마자 곧 때리거늘 용아 선사가 말하였다.

"때리기는 마음대로 때리시오만은 조사의 뜻은 없습니다."

또 임제 선사에게 물었다.

"어떤 것이 조사께서 서쪽에서 오신 뜻입니까?"

임제 선사가 말하였다.

"방석을 내게 건네다오."

용아 선사가 방석을 들어 임제 선사에게 건네주니, 임제 선사가 받자마자 곧 때리거늘 용아 선사가 말하였다.

"때리기는 마음대로 때리시오마는 조사의 뜻은 없습니다."

용아 선사가 주지가 된 뒤에 어떤 선승이 물었다.

"화상께서 행각할 때에 두 존숙에게 조사의 뜻을 물으셨다는데
두 존숙의 도의 눈이 밝던가요?"

용아 선사가 말하였다.

"밝기는 밝으나 조사의 뜻은 없었다."

潭州龍牙山居遁禪師 初숓翠微 乃問 如何是祖師西來意 微云 與我
過禪板來 師取禪板與翠微 微接得便打 師云 打卽任打 要且無祖師意
又問臨濟 如何是祖師西來意 濟云 與我過蒲團來 師取蒲團與臨濟 濟
接得便打 師云 打卽任打 要且無祖師意 師住後 有僧問 和尙行脚時
問二尊宿祖師意 未審 二尊宿 道眼 明也未 師云 明卽明也 要且無祖
師意

용아산의 용이 눈이 없었구나
죽은 물에서 어떻게 옛 가풍을 떨치랴
선판도 방석도 사용하지 못하였군
응당 노공에게나 분부해야 하였으리

雪竇顯 頌
龍牙山裏龍無眼
死水何曾振古風
禪板蒲團不能用
只應分付與盧公

∽ 설두현 선사가 다시 말하였다.

그 노장이 아직 완전히 끊어버리지 못했다.

노공(盧公)에게 분부해야 했다는 것 무엇에 의거함인가
앉는 것에나 치우쳐 조사 등불 잇는다 말라
저녁 구름 돌아와 아직 어울리지 못하는데
먼 산 푸른 빛 겹겹이 끝이 없네

又云 遮老漢 也未得勦絶 復成頌曰
盧公付了亦何憑
坐倚休將繼祖燈
堪對暮雲歸未合
遠山無限碧層層

∽ 대각련 선사 송

두 곳에서 묻고 찾은 일 똑같은데
조사의 뜻 배운다 함 도리어 속임수일세
삭풍이 오랑캐 하늘의 눈발을 다 쓸어버림이여
전과 같이 높은 하늘 뼈저리게 차도다

大覺璉 頌
兩處恭尋用一般
將爲祖意却瞞頂
朔風掃盡胡天雪
依舊中霄徹骨寒

방석과 선판으로 용아 선사에게 대했거늘
무슨 일로 근기에 당면하여 작가답지 못했다 하는고?
뜻하기도 전에 밝은 눈앞에서 벗겨져
세상에 떨어지게 될까 걱정이로다
허공에 어떻게 칼을 걸며
은하수에 뗏목을 띄우냐고?
싹틈 없는 풀로 코끼리를 숨길 줄도 알고
밑 없는 광주리에 살아있는 뱀도 담는다네
오늘의 강호에 무엇이 걸리고 장애되랴
사방으로 확 트인 나루터에서 수레로도 배로도 건네주네

天童覺 頌
蒲團禪板對龍牙　　何事當機不作家
未意成襯明目下　　恐將流落在天涯
虛空那掛劍　　星漢却浮槎
不萠草解藏香象　　無底籃能着活蛇
今日江湖何障礙　　通方津渡有船車

∽ 불타손 선사 송

가엾다! 선판과 방석을
가져오고 가져가며 꿈꾸듯 혼을 부림이여
처음부터 끝까지 조사의 뜻 없다고 한
둔한 선사가 어느 날에 용문(龍門)을 통과할꼬

佛陁遜 頌
可憐禪板與蒲團
持去持來役夢魂
直道始終無祖意
螺師何日透龍門

취미 선사가 닫고 임제 선사가 엶이여

닫고 엶, 벽력의 울림일세

여덟 팔의 나타(那吒)도 힘겨운 지경인데

세 발 달린 기린인들 어찌 겨룰 수가 있으랴

용아 노인이 일찍이 쳐 제거하려 했으나

파도를 쥐고 구름을 잡고 무쇠벽을 찌르려 함일세

선판과 방석을 건네어 주는 것

목숨이 실낱 같건만 전혀 아낄 줄을 모르누나

알리노니 다시 찾아 알려고 하지 말라

이 일은 뚜렷이 이루어져 해와 같이 밝도다

때리려면 마음대로 때리라만 조사의 뜻은 없다 함이여

긍정하고 깊이 긍정하나 묘함을 어찌 다함이랴

智海淸 頌

翠微關林際闢

關兮闢兮轟霹靂

八臂那吒到恐難

三足麒麟庸詎敵

老龍牙曾扣擊

攙浪拏雲衝鐵壁

禪板蒲團便過來

命若懸絲都不惜

報君知休更覓

介事圓成如皎日

打任打兮意且無

肯深肯兮妙何極

◌ 석문총 선사가 이 칙을 들고 말하였다.

　용아 선사가 아무도 근접하지 않을 때는 괜찮았지만, 그 납자들
이 근접하려 하자마자 온통인 눈을 잃었네.

　石門聰 拈 龍牙 無人挨着 猶可 纔被衲子 挨着 失却一隻眼

ᗉ 오조계 선사가 이 칙을 들고 말하였다.

조사의 토성이 머리에 임했느니라.
화상은 이렇게 얼굴이 크다.

五祖戒 拈 祖師土宿臨頭 又云和尙 得與麽面長

ᜠ 설두현 선사가 이 칙을 들고 말하였다.

임제 선사와 취미 선사는 놓을 줄만 알고 거둘 줄은 몰랐다. 내가
그때 용아 선사였다면 그가 방석과 선판을 찾을 때, 곧장 번쩍 들
어서 가슴팍이 쪼개지게 던졌을 것이다.

雪竇顯 拈 臨濟翠微 只解放不解收 我當時 若作龍牙 待伊索蒲團禪
板 拈得劈胸便擲

∽ 취암지 선사가 이 칙을 들고 말하였다.

당초부처 이렇거늘 요즘 납자들이 가죽 밑에 피가 있기나 한 것
일까?

翠嵒芝 拈 當初如是 今時衲僧 皮下 還有血麽

∽ 동선제 선사가 이 칙을 들고 말하였다.

대중 모두가 "불법이 있기는 하나 다만 조사의 뜻이 없을 뿐이
다." 하니 이렇게 알아서야 무슨 교섭할 길이 있으랴. 따로이 어떻
게 해야 조사의 뜻이 없다는 도리를 알겠는가?

東禪齊 拈 衆中 道 佛法 卽有 只是無祖師意 若恁麼會 有何交涉
別作麼生會無祖師意底道理

∽ 법진일 선사가 이 칙을 들고 말하였다.

용아 선사의 그런 말은 역시 몸을 숨기려 했지만 그림자가 드러
난 꼴이다. 말해보라. 어떤 것이 몸을 숨긴 곳인가?

法眞一 拈 龍牙恁麽道 也是藏身露影 且道 那介是隱身處

∽ 대위철 선사가 이 칙을 들고 말하였다.

취미 선사와 임제 선사는 본분의 종사라 할만 하고, 용아 선사는 일등으로 풀이 눕는 것을 보면 바람의 방향을 보는 이라 다른 이에게 좋은 귀감이 되었도다.

(또 주지가 된 뒤에 선승이 물은 곳을 들고 말하기를)

용아 선사는 앞을 쳐다보고 뒤까지 돌아보아 병에 맞추어 약을 주는 이라 할 것이나 대위는 그렇게 하지 않으리니, 그가 묻기를 "그때의 두 존숙은 밝았는가, 밝지 못했는가?" 하였을 때에 등줄기를 갈겨주었더라면 다만 취미 선사와 임제 선사를 붙들어 일으켰을 뿐 아니라 물으러 온 이도 저버리지 않게 되었으리라.

大潙喆 拈 翠微臨濟 可謂本分宗師 龍牙 一等是撥草瞻風 與他後人 爲龜爲鑑 又擧住後 僧問處 乃云 龍牙瞻前顧後 應病與藥 大潙則不 然 待問當時二尊宿明不明 劈脊便棒 非唯扶竪翠微臨濟 亦乃不辜他 來問

∽ 원오근 선사가 이 칙을 들고 말하였다.

저 이가 참문함에 경솔하고 배움에는 뻔뻔한 낯을 지녔구나. 비
록 앞을 쳐다보고 뒤까지 돌아볼 줄 알았으나 몸을 숨기는데 그림
자가 드러난 것을 어찌하랴.
이미 조사의 뜻이 없다면, 긍정은 해서 무엇하랴. 만일 이 속에서
알면 산승이 주장자를 줄 것이요, 만일 보지 못하면 콧구멍까지 일
시에 잃으리라.

圓悟勤 拈 者漢 衾來莽鹵 學處顢頇 雖然顧後瞻前 爭乃藏身露影
旣是無祖師意 用肯作麼 若向介裏辨得 山僧 與你柱杖子 若見不得
和鼻孔一時失却

∽ 백운병 선사가 이 칙을 들고 말하였다.

취미 선사와 임제 선사가 실을 천 자 드리우니 뜻이 깊은 못에
있고, 용아 선사는 갈쿠리 세 치를 떠나서 울러도 갈쿠리를 삼키지
않는다.

오호(五湖)에 파도가 일어나고, 사해(四海)의 물결이 뒤집어져 새
우·게·물고기·자라가 놀라 눈이 휘둥그레진다.

어째서 그런가? 장부에게 응당 스스로 하늘을 찌르는 뜻이 있으
니, 여래가 다니는 곳을 다닌다는 것도 없느니라.

白雲昺 拈 翠微臨濟 垂絲千尺 意在深潭 龍牙 離鉤三寸 劼不吞鉤
直得五湖浪起 四海波飜 蝦蟹魚鼇 神驚目悚 爲甚麼直得如此 丈夫自
有衝天志 不向如來行處行

ⓢ 승보전에 용아 선사를 찬(贊)하기를 "내가 보니 용아 선사의 게송에 말하기를

'도를 배우려면 먼저 깨달음이 있어야 하니
마치 일찍이 날쌘 배가 겨루듯 하네
비록 옛집의 묵은 땅이지만
한 번 이르러야 비로소 쉬리라
그대 만일 인연에 따르기를 바람같이 한다면
모래를 불고 돌을 달리게 하는 공에 애쓸 것이 없으리라
모든 일에 일 없음을 깨달으면
빛을 보고 소리를 들음에 어두운 체 할 필요가 없으리라'

했으니, 모두가 청정하고 깊고 정밀함으로써 이와 같이 사람들을 위하였다.

취미 선사·임제 선사에게 조사의 뜻을 물었을 때, 선판과 방석으로 제도한 기틀의 말이 이미 동산을 친견한 뒤이거늘 죽은 물에 눈먼 용이라 하여 벌을 주듯 했으니, 용아 선사가 들으면 반드시 크게 웃었을 것이니라." 하였다.

僧寶傳 龍牙贊曰 余觀龍牙偈曰
學道先須有悟由

還如曾鬪快龍舟

雖然舊閣閑田地

一度贏來方始休

君若隨緣得似風

吹沙走石不勞功

但於事上通無事

見色聞聲不用聾

皆淸深精密　如其爲人　疑問翠微林際祖意　度禪板蒲團機語　在已見

洞山之後　雪竇　以瞎龍死水　罪之　龍牙聞之　必大笑

 대원 문재현은 이 칙을 모두 들고나서 이르노라.

용아여! 용아여!
그렇거늘 그런 말은 어떻게 있었는고?
하하하.

895칙 골짜기의 물이 거슬러 흐르거든 그대에게 말
해주리라

 본 칙

용아 선사가 동산 선사에게 물었다.

"어떤 것이 조사께서 서쪽에서 오신 뜻입니까?"

동산 선사가 말하였다.

"골짜기의 물이 거슬러 흐르거든 그대에게 말해주리라."

이때 용아 선사가 활연대오하였다.

龍牙 問洞山 如何是祖師西來意 山云 待洞水逆流 卽向汝道 師豁然
大悟

옛 근원에 물 없거늘 달 어찌 생기며

가득한 서쪽 언덕 흐름인들 가닥으로 나뉨이랴

총령에서 웅이산에 묻혀 있는 것을 물으려고 말고[29]

이조의 눈 쌓인 정원[30]에서 소림의 봄을 말하지도 말라

投子靑 頌

古源無水月何生

滿岸西流一派分

葱嶺罷詢熊耳夢

雪庭休話少林春

---

29) 달마 대사가 열반에 들어 웅이산에 장사지낸 지 세 돌 만에 위(魏)의 송운이 서역
에 사신으로 갔다가 돌아오다 총령에서 대사를 만났다. 손에 신 한 짝을 들고 나
는 듯이 가는데, 송운이 물었다. "대사님 어디로 가십니까?" 대사가 말하였다. "서
천으로 가노라." 송운이 돌아와서 복명하고 그 일을 자세히 아뢰어 황제의 명령으
로 웅이산의 달마 대사 무덤을 팠는데 빈 관에는 짚신 한 짝만 남아 있었다.
30) 원문의 설정(雪庭)은 이조 혜가 대사가 밤새 눈이 허리까지 쌓이도록 서 있다가 팔
을 끊었던 마당인 입설정(立雪庭)을 말한다.

 대원 문재현은 이 칙을 모두 들고나서 이르노라.

솔끝에 꾀꼬리는 노오란 꽃송이고
산사의 목탁소리 정적을 열었나니
보현이여, 따끈한 엽차 한 잔 곁듦이…

896칙 떨어진 머리를 노승에게 보여달라

 본 칙

용아 선사가 덕산 선사에게 물었다.

"학인이 막야검을 짚고 와서 스님의 머리를 끊으려 할 때에 어떻겠습니까?"

덕산 선사가 목을 내밀고 가까이 와서 말하였다.

"와!"

(법안 선사가 특별히 말하기를 "그대는 어디에다 손을 대려는가?" 하였다.)

용아 선사가 말하였다.

"스님의 머리가 떨어졌습니다."

덕산 선사가 껄껄대며 크게 웃었다.

용아 선사가 나중에 동산 선사에게 이야기했더니, 동산 선사가 말하였다.

"덕산 선사가 무어라 하던가?"

용아 선사가 말하였다.

"아무 말도 없었습니다."

이에 동산 선사가 말하였다.

"말이 없었다고 하지 말고, 덕산 선사의 떨어진 머리를 노승에게 보여다오."

용아 선사가 비로소 깨닫고 참회를 하였다.

나중에 어떤 선승이 덕산 선사에게 이 일을 이야기했더니, 덕산 선사가 말하였다.

"동산 노인이 좋고 나쁜 것을 모르는구나. 그 자가 죽은 지가 언제인데 구제한들 무슨 소용이 있으리오."

龍牙 問德山 學人 仗鏌鎁取師頭時如何 山 引頸近前云 团(法眼別
你向什麼處下手) 師云 師頭落也 山呵呵大笑 師後 擧似洞山 山云
德山 道什麼 師云 山 無語 洞山 云 莫道無語 且將德山落底頭 呈似
老僧看 師方省 便懺謝 後 有僧 擧似德山 山云 洞山老人 不識好惡
這漢 死來多少時 救得有甚用處

막야검 비껴짚고 스님의 머리를 끊겠다는데
내민 목 위에 휘둘러도 웃음을 멈추잖네
형가[31]가 진왕을 죽이려는 것 같아서
오래오래 천고에 꾀 없음을 개탄케 하는구나

大覺璉 頌
鏌鋣橫仗取師頭
引頸揮來笑未休
還似荊軻殺秦主
直教千古嘆無謀

---

31) 형가(荊軻) : 진시황을 죽이려다가 실패한 위나라의 악사.

~ 보복전 선사가 이 칙을 들고 말하였다.

용아 선사는 다만 앞으로 나아갈 줄만 알았고, 발이 미끄러지는
줄은 몰랐구나.

保福展 拈 龍牙 只知進前 不知失步

ᵔ 취암지 선사가 이 칙을 들고 말하였다.

용아 선사가 끊어야 할 자리에서 끊지를 못했으니 지금 어떻게
끊어야 하겠는가?

翠嵓芝 拈 龍牙 當斷不斷 如今 作麼生斷

• 법화거 선사가 이 칙에서 "머리가 떨어졌습니다." 하니 덕산 선사가 그만두었다는 것까지 들고 말하였다.

덕산이 기틀에 칼날이 없었던 것이 아닌가, 아니면 특별한 도리가 있는가?
(잠잠히 있다가)
덕산 선사가 목을 내밀 때 용아 선사는 검을 바쳐야 했다.

法華擧 擧此話至頭落也 鑑 便休去 師云 莫是德山 無機鋒麼 爲當 別有道理 良久云 德山 引頸 龍牙獻劍

 대원 문재현은 이 칙을 모두 들고나서 이르노라.

덕산은 좋은 기회를 놓쳤고, 법안은 이치가 없지 않으며, 동산은 대법을 초월하지 못했구나.

당시에 목이 떨어졌다 할 때 한 방망이 먹였어야 했다.

897칙 어찌해야 몽땅 쉬겠습니까

 본 칙

용아 선사에게 어떤 선승이 물었다.

"종일토록 구구하니 어찌해야 몽땅 쉬겠습니까?"

용아 선사가 말하였다.

"마치 효자가 부모상 당한 것 같이 해야 되느니라."

龍牙 因僧問 終日區區 如何頓息 師云 如孝子喪却父母 始得

∽ 동선제 선사가 이 칙을 들고 말하였다.

대중에서 이르기를 "부모상 당한 것 같이 한다면 어찌 한가할 틈
이 있으리오."라고 하는데, 이렇게 알아서야 어찌 사람들이 의심을
쉴까만, 이 밖에 어떻게 해야 용아 선사의 뜻을 알꼬?

東禪齊 云衆中 道 如喪父母 何有閑暇 伊麼會 還息得人疑情麼 除
此外 且作麼生會龍牙意

 대원 문재현은 이 칙을 모두 들고나서 이르노라.

"종일토록 구구하니 어찌해야 몽땅 쉬겠습니까?" 할 때 매섭게
배를 한 대 때려주었더라면 당장 효험이 있었을 것을….
어째서인고?
둔한 자에게는 공교로운 자비보다는 매가 효험이 빠르기 때문이
다.
악!
대중이여, 용아 선사의 참 뜻이 어디에 있는고?
(잠잠히 있다가)

노을마저 옅어가는 저녁인데
매미는 한가하게 노래하고
계곡물은 저리도 바쁘구나

898칙 손 없는 이가 주먹을 쓰는 것 같이 해야 하느 니라

 본 칙

용아 선사에게 어떤 선승이 물었다.

"십이시간 가운데 어떻게 힘써야 되겠습니까?"

용아 선사가 말하였다.

"손 없는 이가 주먹을 쓰는 것 같이 해야 하느니라."

龍牙 因僧問 十二時中 如何着力 師云 如無手人行拳 始得

∽ 운거원 선사 송

손 없는 사람의 주먹 힘이 가장 세
용아 선사가 일찍이 둔한 납자를 쳤다
설사 능력을 다해 쓴다 해도
도(陶)씨의 벽에 걸린 북〔梭〕[32]과 같을 수 있으랴

雲居元 頌
無手人拳力最多
龍牙曾打杜禪和
直饒用得工夫盡
不似陶家壁上梭

---

32) 진의 도간이 뇌택에서 고기잡이를 하다가 북(길쌈할 때 쓰는 실꾸리의 집)이 그물
  에 걸리자 집의 벽에 무심히 걸어두었는데 천둥이 심한 어느 날 용이 되어 날아갔
  다는 이야기가 있다.

∽ 법진일 선사 송

손 없는 사람이 주먹을 쓰는 것 같이 하라 하심이여
누가 감히 이런 때를 임해서 쉽게 나아갈꼬
십이 시간 동안에 항상 이와 같이 한다면
다시 더 조사선을 물을 것 없으리

法眞一 頌
如人無手欲行拳
誰敢當頭輒向前
二六時中常若此
不須更問祖師禪

ᡣ 대홍은 선사가 이 칙을 들고 말하였다.

(두 손으로 가슴을 치며 큰소리로 외치기를)

괴롭다! 괴롭다! 용아 노인이 동산의 한 가지 불법을 이렇게 퍼뜨렸구나.

(이 기록은 이어, 어떤 선승이 용아 선사에게 묻기를 "종일토록 구구하니, 어떻게 몽땅 쉬리까?" 하니 용아 선사가 대답하기를 "마치 효자가 부모상을 당한 것 같이 해야 되느니라." 한 것을 들었다.)

大洪恩 拈 師擧了 以兩手 椎胸高聲叫云 苦哉苦哉 龍牙老人 將他洞上一枝佛法 伊麽流布 將去也(此錄連擧僧問龍牙 終日區區如何頓息 牙云 如孝子喪却父母始得)

∽ 운거제 선사가 이 칙을 들고 말하였다.

좋은 말인데 어떻게 알아야 할꼬? 시험 삼아 한 선승에게 물었더
니, 그가 말하기를 "손 없는 사람이 어찌 다시 주먹을 쓰듯 할 수
있으리까?" 하기에 그에게 불법을 물으니 그이가 곧 그만두었다.
길에 퍼진 이야기로 아는 것은 쓸 데가 없으니, 옛사람의 뜻을 자
세히 체험해 아는 것만 못하니라.

雲居齊 拈 好言語 且作麼生會 嘗問一僧 他道 無手底人 何更行得
拳也 及問伊佛法 伊便休去 將知路布說得 無用處 不如子細 體取古
人意 好

꙾ 대위수 선사가 이 칙을 들고 말하였다.

옳기는 옳으나 사람들로 하여금 오음, 십팔계[33] 속에 들어가서 살림을 하게 하였다.

십이 시간 가운데 어떻게 힘을 쓸까? 손 있는 사람이 주먹을 쓰는 것 같이 하는 것은 또 어떤가?

大潙秀 拈 是卽是 又敎人入陰界中作活計 十二時中 如何用力 如有
手人行拳 又且如何

---

33) 음(陰)은 오음(五陰)이니 색수상행식(色受想行識)이 이것이요, 입(入)은 십이입(十二
入)이니 바깥 육진(六塵)인 색성향미촉법(色聲香味觸法)과 안의 육문(六門)인 안이
비설신의(眼耳鼻舌身意)가 이것이요, 계(界)는 십팔계(十八界)이니 육진과 육문과
육식이 이것이다. 자성이 능히 만법을 머금고 있는 것을 함장식(含藏識)이라 한다.
만약 생각하고 헤아림을 일으키면 곧 이 식을 굴린 것이요, 육식이 일어나면 육문
으로 나와 육진을 보게 되니 이와 같은 십팔계가 다 자성으로부터 용을 일으킨 것
이다. 자성이 만일 삿되면 열여덟 가지 삿됨을 일으키고 자성이 만일 바르면 열여
덟 가지 바른 것을 일으키니 만일 잘못 쓰면 곧 중생의 씀이요, 잘 쓰면 곧 부처의
씀이다.

 대원 문재현은 이 칙을 모두 들고나서 이르노라.

이 사람이 이런 질문을 받는 다면 지체없이 "그런 힘일랑 몽땅 쉬어라." 했을 것이다.

899칙 도를 배우려면

 본 칙

용아 선사가 다음과 같이 송하였다.

먼저 깨달음이 있고서 도를 배워야
마치 일찍이 날쌘 배가 겨루듯 하리
비록 옛집의 묵은 땅이지만
한 번 이르러야 비로소 쉬리라

龍牙 偈曰
學道先須有悟由
還如曾鬪快龍舟
雖然舊閣閑田地
一度嬴來方始休

◌ 취암열 선사가 이 칙을 들고 말하였다.

옛사람의 이런 말이 마치 파도의 흰 거품을 탐하여 보다가 손의 노를 잃는 것 같도다.

대중에서 누군가가 점검해낼 수 있겠는가? 만일 점검해내면 옛사람을 구제하겠지만, 만일 점검해내지 못한다면 법륜이 오늘 손해를 보았도다.

翠嵒悅 拈 古人恁麼說話 大似貪觀白浪 失却手橈 衆中 還有檢點得出底麼 若人 點檢得出 救取古人 若點檢不出 法輪 今日 失利去也

∽ 천녕조 선사가 이 칙을 들고 말하였다.

용아 선사는 스스로 쉬고 스스로 쉴 줄만 알았고, 같이 죽고 같이
살 줄은 몰랐다.
(주장자를 일으켜 세우고)
어찌 옛집의 묵은 땅에 있기만 하랴. 중생을 제도하는 노력을 다
하여 쉬지 않느니라.

天寧照 拈 龍牙 祇解自休自歇 不能同死同生 乃拈起柱杖云 爭敎閣
在閑田地 度盡勞生未放休

〇 장로색 선사가 이 이 칙을 들고 말하였다.

대중아, 날쌘 용주는 그만두고, 어떤 것이 묵은 땅인가? 여러분은 알려는가?

푸른 버들 휘늘어진 제방에 노란 꾀꼬리 지저귀고, 붉은 여뀌꽃 밭 가운데 흰 해오라기 난다.

長蘆賾 拈 大衆 快龍舟 且置 作麼生是閑田地 諸人要會麼 綠楊堤畔 黃鸝囀 紅蓼花中 白鷺飛

 대원 문재현은 이 칙을 모두 들고나서 이르노라.

용아여! 용아여!
옳기는 옳으나 칠팔월 땡감 맛을 면하지 못했음을 어쩌리오.
하. 하. 하.

900칙 집에 돌아와야 비로소 최상에 이른다

 본 칙

용아 선사가 대중에게 보이고 말하였다.

"도를 배우는 것은 부싯돌을 쳐서 불을 켜는 것 같아서, 연기가 나도 그치지 말고 금성의 나타남을 바로 얻어야 하듯이 집에 돌아와야 비로소 최상에 이른다 하리."

龍牙 示衆云 學道 如鑽火 逢煙且莫休 直待金星現 歸家始到頭

∽ 신정인 선사 송

도를 배우는 이는 부싯돌을 쳐서 불을 켜듯 하니
연기가 나거든 곧바로 쉬는 것이 좋으니라
금빛별이 나타나기를 기다리지 말라
손을 태우고 머리까지 태우리라

神鼎諲 頌
學道如鑽火
逢煙便好休
莫待金星現
燒手又燒頭

∽ 취암진 선사가 이 칙을 들고 이어 신정인 선사의 송을 들고
말하였다.

만일 '단박에 깨달음'으로 논한다면 용아 선사는 반 길에 그쳐 있
고, 만일 '차츰 닦음'으로 논한다면 신정은 깨달음이 모자랐다.

翠嵓眞 拈 連擧神鼎諲頌云 若論頓也 龍牙 止在半途 若論漸也 神
鼎 猶欠悟在

　∽ 공수 화상께서 상당하여 이 칙을 들고 이어 신정인 선사의 송
과 취암진 선사가 이 칙을 들어 말한 것을 들고 말하였다.

　나는 진리를 물으면 가슴을 두드리게 되니 이것이 어떤 곳에 있
기에 돈(頓)이다 점(漸)이다 말하겠는가?
　보수가 말하기를 "이 도는 배우는 것이 아니니, 쉬어서는 쉬었다
는 것마저 없어야 한다. 설사 곧바로 쉬었다 할지라도 벌써 빗물이
머리를 적셨느니라."라고 하였다.

　空叟和尙 上堂 擧此話 連擧神鼎諲頌 翠嵓眞拈 師云 我要問眞 點
胸 者箇是什麽所在 說頓說漸 保壽道 此道 不可學 敎休不肯休 直饒
便休得 已是雨淋頭

 대원 문재현은 이 칙을 모두 들고나서 이르노라.

용아 선사의 자비야 하늘에 넘치고도 남을만 하다 하겠으나
용아시여, 따끈한 엽차나 드소서.

고래는 바닷물을 가르고
흰 구름 백학으로 나르네

해와 달 구름이며 산천도
이러-히 미묘한 능력이라

낮이면 일터에서 즐기고
밤이면 수면으로 즐기네

901칙 몸을 숨길 곳

 본 칙

용아 선사에게 어떤 선승이 물었다.

"두 마리의 쥐가 등(藤)나무 줄기를 갉아먹을 때가 어떠합니까?"

용아 선사가 말하였다.

"몸을 숨길 곳이 있느니라."

선승이 다시 물었다.

"어떤 것이 몸을 숨길 곳입니까?"

용아 선사가 말하였다.

"나를 보았는가?"

龍牙 因僧問 二鼠侵藤時如何 師云 須有隱身處 始得 僧云 如何是
隱身處 師云 還見儂家麽

∽ 단하순 선사 송

싸늘한 달 아득히 먼 봉우리에 걸리니
넓고 넓은 평평한 호수, 고르고 고른 광채 더하네
어부의 노래에 놀라 깬 해오라기가
갈대꽃에서 날아 나왔으나 그 자취 볼 수 없다

丹霞淳 頌
寒月依依上遠峯
平湖萬頃練光封
漁歌驚起汀沙鷺
飛出蘆花不見蹤

∽ 법진일 선사 송

몸 숨기는 삼매를 아는 이 적으나
도리어 나를 보았다 할 자 누구인가
보안이 일찍이 두루 뛰어남을 찾은 지 오래라
법계를 두루 관했으나 엿볼 수 없었다네

法眞一 頌
隱身三昧少人知
還見儂家更有誰
普眼昔曾尋遍吉
周觀法界莫能窺

∽ 원오근 선사 송

당당한 봄〔見〕이지만

밀밀해서 보려 하면 어렵다네

두 마리 쥐를 들어 약게 물었으나

그 편의를 만나지 못했구려

등가지 나기 전을 꿰뚫어

바른 눈으로 공교롭게 제자리로[34] 돌려놓았네

용아 노인의 기지가 번개와 같음이여

천한 이 만나면 귀하고, 귀한 이 만나면 천해지네

圓悟勤 頌

堂堂成見　　　　密密難見

二鼠雖點　　　　莫逢其便

藤枝透出未生前　　正眼當陽巧廻換

龍牙老機如電　　　遇賤卽貴貴卽賤

---

34) 원문에는 '당양(當陽)'이라고 되어 있다. 이는 '천자의 정위(正位)'라는 뜻이 있는데 여기에서는 이렇게 의역하였다.

∽ 광령조 선사가 이 칙을 들고 말하였다.

　용아 화상이 옳기는 옳으나 마치 몸은 숨기고서 그림자를 희롱하려는 것 같다.
　광령은 그렇게 하지 않으리니, 어떤 이가 묻기를 "어떻게 몸을 숨기는가?" 한다면 이르리라.
　(말없이 보이고)
　그림자 없는 나무 밑에 모두 같은 배를 탔건만 유리궁전에 아는 이 없구나.

　廣靈祖 擧此話云 龍牙和尙 是卽是 大似藏身弄影 廣靈 卽不然 或有人 問 如何得隱身去 良久云 無影樹下合同舡 琉璃殿上 無知識

∽ 본연 거사가 이 칙을 들고 말하였다.

몸을 숨기기도 전에 등나무가 이미 먼저 침해를 받았다.
"나를 보았는가?" 함이여.
험!

本然居士 拈 身則未隱 藤已先侵 還見儂家麼 喩

 대원 문재현은 이 칙을 모두 들고나서 이르노라.

이 무슨 말인고?

청산도 이르고 청천(靑天)도 일렀거늘 그 눈은 무엇을 보고 그 귀
는 어디에 쓰는가?

악!

902칙 돌거북이의 말

용아 선사에게 어떤 선승이 물었다.

"어떤 것이 조사께서 서쪽에서 오신 뜻입니까?"

용아 선사가 말하였다.

"돌거북이〔石烏龜〕가 이야기를 하거든 말해주리라."

선승이 말하였다.

"돌거북이가 말을 하였습니다."

용아 선사가 말하였다.

"그대에게 무엇이라 하던가?"

선승이 말이 없었다.

龍牙 因僧問 如何是祖師西來意 師云 待石烏龜解語 卽向汝道 僧云
烏龜語也 師云 向汝道什麼 僧無語

돌거북이의 말을 누가 듣는가?
귀 없는 해골이 깊은 밤에 듣다가
새벽 되자 그림자 없는 나무 밑에 숨어버리니
태양이 비쳐도 찾을 길 없네

投子青 頌
石龜語話是誰聞
無耳髑髏夜聽深
方曉便藏無影樹
大陽雖照不能尋

∽ 석문이 선사 송

돌거북이의 가장 심원하고 뛰어난 말이여
배우는 이 많으나 깨닫는 이는 드무네
하늘과 땅 가득히 달 밝은 밤에
소경처럼 길을 잃고 의심하여 망설임이랄까

石門易 頌
石烏龜語最幽奇
學者雖多悟者稀
匝地普天明月夜
盲人迷路却遲疑

돌거북이가 말 못한다 누가 말할꼬
묘한 말, 낭랑하여 언제나 스스로 널리 일러주고 있네
서쪽에서 오신 조사의 뜻 다 말해버렸지만
지음자를 만나지 못하면 공연한 짓이리

法眞一 頌
石龜誰道不能言
妙語瑯瑯每自宣
說盡西來諸祖意
知音不遇也空然

∽ 심문분 선사 송

만물과 내가 나뉨 없고

마음과 몸이 꿰맨 자국 없네

돌거북이여

높은 하늘의 봉황이다

소리 없는 말 함에

기틀에 적중하지 않는 것 없네

넘어지건 쓰러지건 마음대로 농하라만

말 없는 말이요, 씀 없는 씀이니

눈 밝은 납자라면 꿈 속의 말일랑 그만두게

心聞賁 頌

物我一如　　　心身無縫

石烏龜　　　是中霄鳳

語發非聲　　　機無不中

顚來倒去從君弄　　不言言無用用

明眼衲僧休說夢

ᄋᄀ 천동각 선사가 이 칙을 들고 이어 어떤 선승이 향림에게 묻기를 "어떤 것이 조사께서 서쪽에서 오신 뜻입니까?" 하니 향림이 대답하기를 "오래 앉았더니 피로하구나." 한 것을 겸하여 들고 말하였다.

한 구절이 우러를수록 더욱 높고, 한 구절이 뚫을수록 더욱 굳고, 한 구절이 쳐다보니 앞에 있고, 한 구절이 돌연 뒤에 있다 하리라. 가려낼 수 있는가? 참마음 조각조각을 아는 이 없으니, 목전에 꿈쩍없이 있건만 보는 자 드물다.

天童覺 擧此話兼擧僧 問香林 如何是祖師西來意 林云 坐久成勞 師云 一句子 仰之彌高 一句子 鑽之彌堅 一句子 瞻之在前 一句子 忽焉在後 還辨得麽 赤心片片知人少 覿面堆堆覰者稀

∞ 상방익 선사가 말이 없던 선승을 대신하여 말하였다.

"스님께서 가리켜 보여주셔서 고맙습니다." 하고는 곧장 떠났어
야 한다.

上方益 代僧無語云 謝師指示 便行

 대원 문재현은 이 칙을 모두 들고나서 이르노라.

"그대에게 무엇이라 하던가?" 했을 때 "소는 기어가고 수리는 날
아간다 하더이다." 했어야 했다.

903칙 도적이 빈 방에 들어온 것 같다

 본 칙

용아 선사에게 어떤 선승이 물었다.
"옛사람이 무엇을 얻었기에 곧바로 그만두었습니까?"
용아 선사가 말하였다.
"도적이 빈 방에 들어온 것 같으니라."

龍牙 因僧問 古人 得箇什麼 便休去 師云 如賊入空室

푸른 숲의 굳센 선비, 옳은 마음이라는 데에 빠져
마음 속의 망령된 뜻, 집 가운데 두었다가
빈 방에 들어서 비었다는 것마저 던져버리니 깨달았다 할 것도
없어서
부끄러워 홀로 한바탕 웃을 뿐이네

法眞一 頌
綠林强士正心狂
心中妄意室中藏
不覺投虛入空室
懷懼徒能笑一場

∽ 진정문 선사 송

머리를 보고 모자를 사고
재주를 헤아려 직책을 준다
눈밝은 납자여
낮 앞임을 모르겠는가

眞淨文 頌
買帽相頭
量才補職
明眼衲僧
面前不識

 대원 문재현은 이 칙을 모두 들고나서 이르노라.

"옛사람이 무엇을 얻었기에 곧바로 그만두었습니까?" 할 때 이 사람이라면 "길에 굴러다니는 돌도 일러주었거늘 묻고 다닌단 말인가?" 했을 것이다.

904칙 스스로가 깨달아야 하느니라

 본 칙

용아 선사가 대중에게 보이고 말하였다.

"강호가 비록 사람을 막으려는 마음이 없으나 사람들이 지나지 못하기 때문에 강호가 사람을 막는 것이 되고, 조사와 부처가 사람을 속일 마음이 없으나 사람들이 꿰뚫지 못하므로 부처와 조사가 사람을 속이는 것이 되었느니라."

어떤 선승이 물었다.

"어찌해야 불조의 속임을 받지 않겠습니까?"

용아 선사가 말하였다.

"스스로가 깨달아야 하느니라."

龍牙 示衆云 江湖 雖無礙人之心 爲時人過不得 江湖 成礙人去 祖佛 雖無瞞人之心 爲時人透不得 祖佛成瞞人去 僧問 如何得不被祖佛瞞 師云 則須自悟去

강호가 본래 막음 없거늘
자고로 배가 없기 때문이요
사람들이 꿰뚫지 못하여
불조의 속임을 받는도다
비로자나의 정수리로 다니고
백 자의 장대 끝에서 나다닌다
조주 노인을 보지 못했는가?
큰 도는 장안에 통해 있네

知非子 頌
江湖本不礙
自是無舟船
時人透不得
卽被佛祖瞞
毗盧頂上行
進步百尺竿
不見趙州老
大道通長安

∽ 운문고 선사가 법어에 말하였다.

보지 못했는가? 옛 어른이 말하기를 "강호가 사람을 막을 마음이
없고, 불조께서 사람을 속일 뜻이 없었으나 다만 사람들이 지나가
지 못하므로 강호가 사람을 막지 않는다고 말할 수 없고, 불조의
말씀이 사람을 속일 뜻이 없었으나 다만 이 도를 배우는 사람이
방편을 잘못 알아서 한 마디, 한 구절에서 현묘함을 구하고 얻고
잃음을 구하여 꿰뚫지 못하나니 불조가 사람을 속이지 않는다고
말할 수 없는 것이다." 한 것이니, 마치 소경이 해와 달의 광명을
보지 못하는 것이 소경의 허물일지언정 해와 달의 허물이 아닌 것
과 같으니라. 이와 같아서 이 도를 배우되 문자상을 여의고, 분별
상을 여의고, 언어상을 여의어야 본보기가 되느니라.

雲門杲 法語云 不見古德有言 江湖 無礙人之心 佛祖 無謾人之意
只爲時人過不得 不得道江湖不礙人 佛祖言敎 雖不謾人 只爲學此道
者錯認方便 於一言一句中 求玄求妙 求得求失 因而透不得 不得道佛
祖不謾人 如患盲之人 不見日月光 是盲者過 非日月咎 此是學此道離
文字相 離分別相 離語言相底樣子

 대원 문재현은 이 칙을 모두 들고나서 이르노라.

만약 이 가운에 어떤 이가 "어찌해야 불조의 속임을 받지 않겠습니까?" 하면 지체없이 "등이 밝구나." 하고, "잘 모르겠습니다. 다시 한 번 일러주십시오." 하면 "주장자니라." 하리라.

905칙 깨진 표주박 자루

 본 칙

용아 선사가 다음과 같이 송하였다.

일체 명산을 다리로 인하여 이르렀나니
고생하기 여러 해를 신발과 함께 했네
지금엔 나이 많아 다니지 않고
손 안에 깨진 표주박 자루를 잡고 있다네
깨진 표주박 자루여
중생들에게 감로약을 나누어 주노라

龍牙 頌云

一切名山到因脚　　辛苦年深與襪着
而今年老不能行　　手裏把箇破木杓
破木杓　　　　　　俵與衆生甘露藥

☁ 백운단 선사가 이 칙을 들고 말하였다.

용아 노인은 가위 익숙한 곳을 잊지 못했다 하리라.

白雲端 擧此話云 龍牙老人 可謂熟處難忘

　∽ 운문고 선사가 이 칙을 들고 이어 백운단 선사가 이 칙을 들어 말한 것을 들고 말하였다.

　백운단 화상의 그런 말이 마치 자기를 가지고 다른 사람을 비방하는 것 같다.
　고 상좌는 곧 그렇게 하지 않으리니, 집이 가난해서 소식[35]을 마련하기도 어렵고 일이 바빠서 초서[36]도 쓸 사이가 없다 하리라.

　雲門杲 擧此話 連擧白雲端拈云 端和尙伊麽道 大似以己方人 杲上座 卽不然 家貧難辦素食 事忙不及草書

---

35) 소식(素食) : 아주 간소한 밥상.
36) 초서(草書) : 급하게 흘려쓴 형태의 글씨.

 대원 문재현은 이 칙을 모두 들고나서 이르노라.

공교롭고 공교로운 말씀인지고.

그러나 어찌 표주박 자루뿐이랴. 보이는 것, 들리는 것 모두가 그러함을….

계곡물은 저리도 바쁘게 달리는데
산령의 흰 구름은 한가하기 그지없네

906칙 그 자리가 근원인 줄 알지를 못하누나

 본 칙

용아 선사가 다음과 같이 송하였다.

산에 올라 낚싯줄 드리운 이를 보라
종일토록 구구히 물결 끝에 힘쓰네
백 개울의 끝없는 물 구경하기만 탐할 뿐
그 자리가 근원인 줄 알지를 못하누나

龍牙 偈云
登山坐看垂綸者
終日區區役浪邊
貧看百川無限水
不知當處是根源

∽ 원통수 선사가 이 칙을 들고 말하였다.

얻기는 얻었으나 위험을 당하여 다른 사람을 두려워하지 않는 격이다. 여기는 곧 해탈의 깊은 구덩이이니, 납자들은 모름지기 뛰어넘어야 한다. 비록 그러나 그대의 신통을 다하여 달린들 어디로 가려는가?

사천하를 두루 돌아 간 곳마다에서 바리때를 가질 줄 알더라도 겨우 밥을 사냥하는 친구에 지나지 않을 것이다. 설사 번개 빛 속에 몸을 숨기고, 돌 부딪는 불 속에 머리를 내밀어도 법운의 주장자에 몽땅 콧구멍을 꿰임을 면치 못하리라.

(주장자를 일으켜 세우고)

시종 입을 열기는 쉬우나 굳은 절개를 간직하기는 어려우니라.

圓通秀 擧此話云 得卽得 且臨危不悚人 只這裏 便是解脫深坑 衲僧家 須蹐跳 始得 然雖如是 盡汝神力走 向什麽處去 便是周遊四天下 在處解持鉢 也只是箇獵飯漢 直饒向電光裏隱身 石火裏出頭 未免法雲柱杖 一時穿却鼻孔 遂拈起柱杖云 易開終始口 難保歲寒心

 대원 문재현은 이 칙을 모두 들고나서 이르노라.

용아여! 용아여! 둘째 달 그림 그리기에 바쁘구려.

눈밭에 솔 푸르고 창공엔 높이 나는 기러긴데
나그네 저문 길의 도포자락 휘날린 걸음걸이
주막 문 앞 팔짱낀 저 여인넨 손님이 없나보네

907칙 온전히 드러남

 본 칙

용아 선사에게 어떤 선승이 와서 보자(報慈) 선사가 진영의 게송에 "해는 연이은 봉우리에 솟고, 달은 방에 둥글다. 몸 없다 할 것도 없어서, 온전히 드러났거늘 구하지 말라." 한 것을 들어 물었다.

"스님, 온전히 드러난 바를 청합니다."

용아 선사가 휘장을 활짝 열고 말하였다.

"보았는가?"

선승이 대답하였다.

"보지 못했습니다."

용아 선사가 다시 말하였다.

"눈을 가지고 오라."

(어떤 책에는 "눈을 가지고 오지 않았느냐?" 하였다.)

나중에 보자 선사가 이 소식을 듣고 말하였다.

"용아 선사가 겨우 하나의 반을 얻었도다."

龍牙 因僧擧報慈贊師 眞偈云 日出連山 月圓當戶 不是無身 不欲全
露 問云 請師全露 師撥開帳子云 還見麼 僧云 不見 師云 將眼來(一
本云不將眼來) 後報慈聞擧云 龍牙 只得一半

왼쪽은 해요, 오른쪽은 달이

낮과 밤으로 돌아서 끊어짐이 없도다

묘하게 높음이여, 홀로 우뚝하고 우뚝하도다

어리석은 이라면 어찌 이 굴을 알리오

뛰어나고 뛰어남이여

수라가 성내어 주먹을 휘두르니

일월이 허공에 떨어지고 수미산이 부러진다

어두움이 끝없음이여, 이 시절이요

봄꽃이 필 때여, 2월 3월이로다

大覺璉 頌

左日右月　　　　畫夜循環兮俱不徹

妙高兮獨聳巍巍　　朦朧詎知巢穴

別別　　　　　　　脩羅才怒揮拳

兩曜淪空兮須彌也折　黑漫漫兮底時節

春花開兮二月三月

∽ 정엄수 선사 송

원래 온세계가 곧 온전히 몸이거늘
하필 휘장을 걷어야 비로소 본단 말인가
얼굴에 부끄러운 빛 없음을 알려면
마음 속 사람을 저버리지 않아야 하느니라

淨嚴遂 頌
從來遍界是全身
何必褰幃始見親
要知面上無慚色
蓋爲心中負人

ᗛ 운문언 선사의 문답

운문언 선사가 어떤 선승에게 말하였다.
"물어라! 내가 일러주리라."
그 선승이 입을 열려 하자 운문언 선사가 말하였다.
"내가 그대에게 일러주었다 해도 무방하겠구나."

雲門偃 令僧 擧 我與你道 其僧 便擧 師云 我不妨與你道

∽ 운문 선사의 문답

운문 선사 회상에서 두 선승이 논쟁하기를 한 선승은 "용아 선사
가 휘장을 연 것이 온전히 드러낸 것이다." 하고 한 선승은 "반을
드러낸 것이다." 해서 두 선승이 결정치 못하고 운문 선사에게 올
라와서 의심을 풀어달라 하자 선사가 말하였다.
"온전히 드러냈다고 한 선승은 이리로 오라."
한 선승이 오른쪽에 와서 섰다.
운문 선사가 다시 말하였다.
"반쯤 드러냈다고 한 선승은 저쪽으로 오라."
한 선승이 왼쪽에 와서 섰다.
이에 운문 선사가 말없이 보이고 말하였다.
"모두 내려가라."

又雲門會下有二僧 商量次 一僧 云 龍牙撥開帳 是全露 一僧 云 是
半露 二僧不決 上堂頭請雲門爲去疑 門云 道全露僧 過遮邊來 一僧
便過右邊立 門云 道半露僧 過那邊來 一僧 便過左邊立 門 良久云
一時下去

 대원 문재현은 이 칙을 모두 들고나서 이르노라.

내게 그렇게 물었다면 뺨을 한 번 갈겨주었을 것이다.

908칙 나무 세 짐을 나르라

 본 칙

균주 동산 사건 선사(일찍이 청림에 있었음)가 무릇 새로 오는 이
가 있으면 꼭 나무 세 짐을 나르도록 하였는데 어떤 선승이 물었
다.

"세 번 나른 도리 안의 일은 묻지 않겠거니와, 세 번 나른 도리
밖의 일은 어떠합니까?"

선사가 말하였다.

"철륜 천자가 천하에 조서를 내리느니라."

그 선승이 말이 없자 선사가 스무 주장자 때려서 절 밖으로 내쫓
았다.

筠州洞山師虔禪師(曾住靑林) 凡有新到 須般柴三轉 有僧 問 三轉
內 卽不問 三轉外事 如何 師云 鐵輪天子寰中勅 僧 無語 師打二十
柱杖 趂出院

⌒ 대위수 선사가 이 칙을 들고 말하였다.

대저 인군과 신하의 도가 일치되려면 모름지기 물과 젖이 화합하듯 해야 한다. 그 선승이 이미 조정의 법을 거역했으니, 모르는 결에 생명을 잃었느니라.

그때에 철륜 천자가 천하에 조서를 내린다고 이르는 것을 보자마자 방석을 가지고 곧 읍을 하고 그가 다시 머뭇거릴 때 때렸어야 한다.

大潙秀 拈 夫欲君臣道合 應須水乳和同 這僧 旣抗節朝堂 不覺 喪身失命 當時 見道鐵輪天子寰中勅 將坐具便揖 待伊擬議便打

 대원 문재현은 이 칙을 모두 들고나서 이르노라.

철륜 천자가 천하에 조서를 내린다고?
하. 하.

제비는 삼월달에 왕림하고
기러기는 상달에 찾느니라

909칙 학인이 지름길로 갈 때가 어떠합니까

 본 칙

동산 선사에게 어떤 선승이 물었다.

"학인이 지름길로 갈 때가 어떠합니까?"

동산 선사가 말하였다.

"죽은 뱀이 큰 길에 있으니, 그대들 행여라도 부딪치지 말라."

선승이 다시 물었다.

"부딪칠 때는 어떠합니까?"

동산 선사가 말하였다.

"목숨을 잃으리라."

선승이 다시 물었다.

"부딪치지 않을 때는 어떠합니까?"

동산 선사가 말하였다.

"피할 곳도 없느니라."

선승이 말하였다.

"정말로 이럴 때는 어찌하리까?"

동산 선사가 말하였다.

"가라."

선승이 다시 물었다.

"어느 곳을 향해서 가리까?"

동산 선사가 말하였다.

"풀이 깊어서 찾을 수도 없는 곳이다."

선승이 말하였다.

"화상께서도 여전히 조심하십시오."

동산 선사가 손바닥을 어루만지고 말하였다.

"제일의 독기(毒氣)니라."

洞山 因僧問 學人徑往時如何 師云 死蛇當大路 勸子莫當頭 僧云
當頭時如何 師云 喪子命根 僧云 不當頭時如何 師云 亦無廻避處 僧
云 正當伊麼時如何 師云 走却也 僧云 未審向什麼處去也 師云 草深
無覓處 僧云 和尙也須隄防 始得 師撫掌云 一等是介毒氣

∽ 단하순 선사 송

긴 강이 맑아 달빛 박힌 듯 환함이여
눈에 가득한 맑은 빛 이 집이라고 할까
고깃배 어디로 갔는가 묻노니
깊은 밤 옛 묵던 갈대밭이로세

丹霞淳 頌
長江澄徹印蟾華
滿目淸光未是家
借問漁舟何處去
夜深依舊宿蘆花

∽ 천동각 선사 송

세 노숙이 가만히 끌어 옮겨
배가 밤에 머리를 돌리누나
갈대꽃은 양 언덕의 눈이고
물안개 낀 물에 온통 강의 가을일세
바람의 힘이 돛을 떠받쳐, 요동함 없이 가는데
피리소리 달빛 아래 창주로 부르네

天童覺　頌
三老暗轉拖
孤舟夜廻頭
蘆花兩岸雪
煙水一江秋
風力扶帆行不掉
笛聲喚月下滄洲

∽ 천동각 선사가 다시 소참 때에 이 칙을 들고 말하였다.

그 선승은 물을 줄 알고, 청림은 희롱할 줄 알아서 가위 비고 현묘함을 범하지 않았다 하겠으나 서로간에 돌아가며 묻고 대답하여 목숨줄을 잡을 줄 알아야 바야흐로 묘한 솜씨라 하리라.

남의 독기를 건드리기만 하면 작가가 아니니라. 말해보라. 이럴 때를 당하여 끝내 어찌해야 되는가?

(말없이 보이고)

묽은 자루에 가득히 담아가고, 밑 없는 광주리에 담아온다.

又小叅 擧此話云 者僧 解問 靑林解弄 可謂是虛玄不犯 廻互旁叅
把定咽喉 方爲好手 觸他毒氣 不是作家 且道 正伊麽時 畢竟作麽生
良久云 連頭袋子 盛將去 沒底籃兒 着取來

◌ 악림규 선사가 상당하여 말하였다.

그 선승은 잘 격발시켰고, 청림은 묘하게 제창했으니, 수단이 자유자재하도다. 희롱함을 맞닥뜨린 데에서도 기봉(機鋒)이 변함없고, 거둘 때에 세밀해서 독기로도 상함 없네.
비록 이러하나 다만 사사로이 자루 여는 방법을 가르쳐 주지 말라. 장안에는 전과 같이 오는 사람이 없구나.

岳林珪 上堂 擧此話云 者僧 善能擊撥 青林 妙解提撕 手段縱橫 弄處當頭 不犯機鋒 細密收時 毒氣無傷 雖然伊麽 暗地莫敎開死口 長安依舊絶人來

 대원 문재현은 이 칙을 모두 들고나서 이르노라.

"학인이 지름길로 갈 때가 어떠합니까?" 했을 때 이 사람이라면
"지름길로 다니는 사람은 그런 말이 없다." 해서 구구한 오고감이
없게 했을 것이다.

910칙 조사의 문하

 본 칙

동산 선사가 대중에게 보이고 말하였다.

"조사의 문하는 새의 길처럼 부사의하고 은밀한 것이니 궁극의 공(功)을 모두 굴림이라 궁구함 없이는 밝히기 어렵느니라. 그대들은 당장 마음·뜻·의식을 여의어서 참구하여 범부나 성인의 길을 초월하여 배워야 비로소 보림할 것이니, 만일 그렇지 못하다면 나의 자식이 아니니라."

洞山 示衆云 祖師門下 鳥道玄微 功窮皆轉 不究難明 汝等諸人 直須離心意識叅 出凡聖路學 方可保任 若不如是 非吾子息

○ 운문고 선사가 이 칙을 들고 말하였다.

설사 마음·뜻·의식을 떠나서 참구하여 터득하고, 범부나 성인
의 길을 초월하여 배움을 이루었다 해도 역시 설봉의 도일 뿐이니
라.

雲門杲　擧此話云　饒你離心意識叅得透　出凡聖路學得成　也是雪峯
道底

 대원 문재현은 이 칙을 모두 들고나서 이르노라.

동산이여! 동산이시여!
참으로 구구한 분이시구려.

번개 빛 구름 가에 번뜩이는데
해운대 피서객들 마냥 좋네
묘심아, 우산이나 마련하렴

911칙 소리도 소리가 아니요, 빛도 빛이 아니다

 본 칙

고안 백수 본인 선사가 상당하여 말하였다.

"노승은 항상 소리 이전이니 구절 뒤니 하는 것으로 남의 집 남녀들을 부추겨 희롱하고 싶지 않았다. 무슨 까닭인가 하면 소리도 소리가 아니요, 빛도 빛이 아니기 때문이니라."

이때, 어떤 선승이 물었다.

"어떤 것이 소리가 소리 아닌 도리입니까?"

본인 선사가 말하였다.

"빛이라 하겠는가?"

선승이 다시 물었다.

"어떤 것이 빛이 빛 아닌 도리입니까?"

본인 선사가 말하였다.

"소리라 하겠는가?"

선승이 절을 하자 본인 선사가 말하였다.

"그대에게 말한 것이 그대에게 답한 것이다. 만일 가려낼 수 있다면 그대에게 든 곳이 있다고 허락하리라."

高安白水本仁禪師 上堂云 老僧 尋常 不欲向聲前句後 皷弄人家男
女 何故 且聲不是聲 色不是色 時 有僧 問 如何是聲不是聲 師云 喚
作色得麼 僧云 如何是色不是色 師云 喚作聲得麼 僧 作禮 師云 且
道 爲汝說 荅汝話 若人 辨得 許你有箇入處

∽ 단하순 선사 송

빛 자체인 빛이요 소리 자체인 소리여
새롭게 꾀꼬리 우는 곳에 버들 안개 빠르게 끼는구나
문문마다 길이 있어 장안으로 통했으니
삼도(三島)가 가로누운 바다의 달빛이 밝다

丹霞淳 頌
色自色兮聲自聲
新鶯啼處柳煙輕
門門有路通京國
三島斜橫海月明

∽ 원오근 선사 송

소리는 빈 데서 나오고 빛은 없는 곳에서 생기네
소리 앞, 구절 뒤라 함이여 진흙칠 투성이로 굴림일세
털끝도 용납할 틈 없거늘 어찌 이름이나 형용을 지으랴
당당하여 두루 응하나 조그마한 물건도 없어서
공교하게 풀무질 베풂도 쓸데없는 나누고 가름일세
그 어찌 방망이 밑에 무생인(無生忍)과 같으랴
듣고 봄, 향기 맛, 온통한 도의 길일세

圓悟勤 頌
聲出虛色生無
聲前句後轉塗糊
間不容髮安可名模
堂堂圓應沒錙銖
巧張爐鞴費分踈
爭如棒下無生忍
聞見馨香滿道塗

○ 자항박 선사 송

소리는 본래 빛이 아니요 빛은 소리가 아니나
귀로 보고, 눈으로 들으라
공연히 부추겨 희롱할 일 없건만
새 울고 꽃 떨어짐에 마음을 두었기 때문일세

慈航朴 頌
聲本非色色非聲
把耳來看着眼聽
不是等閑相詖弄
鳥啼花落自多情

∽ 설두현 선사가 이 칙을 들고 말하였다.

본인(本仁)은 매우 기특했으나 역시 하늘 보기를 탐하게 했다. 이미 소리의 앞도 구절의 뒤도 아니라 했거늘 어떻게 들어감을 지으리오.

雪竇顯 拈 本仁 也甚奇怪 要且貪觀天上 旣非聲前句後 且作麼生入

∽ 장산전 선사가 이 칙을 들고 말하였다.

본인 화상이 남의 집 남녀들을 부추겨 희롱함이 끝날 날이 없도
다.
이미 소리도 소리 아니라 했는데 어째서 빛이라 할 수는 없겠는
가.
이미 빛도 빛이 아니라 했는데 어째서 소리라 할 수는 없겠는가.
그대 말해보라. 장산과 본인이 같은가, 다른가? 만일 그 속에서
알면 그대도 들어간 길이 있다고 허락하리라.

蔣山泉 拈 本仁和尚 皷弄人家男女 未有了日在 旣然聲不是聲 如何
不喚作色 旣然色不是色 如何不喚作聲 你道 蔣山與本仁 同 別 若向
遮裏會得 亦許你有介入路

༄ 대위수 선사가 이 칙을 들고 말하였다.

 본인 선사는 가로가 천(千)인 줄만 알았고, 세로가 백인 줄은 몰랐다. 어떤 것이 소리가 소리 아닌 것인가?
 소리를 쫓지 말라.
 어떤 것이 빛이 빛 아닌 것인가?
 푸르고 누른 것을 따르지 말라.
 그대가 소리 앞과 구절 뒤에서 몸 둘 곳을 찾기만 하면 스스로 이러-히 뛰어난 생애가 있으리라.

 大潙秀 拈 本仁 秖知橫千 不會竪百 如何是聲不是聲 莫逐音響 如何是色不是色 莫逐靑黃 且從伊向聲前句後覓箇安身 自然別有生涯

∽ 법진일 선사가 이 칙을 들고 말하였다.

본인 선사가 너무나 갈등했다. 만일 나중의 말이 없었더라면 어쩔 뻔했는가? 비록 그러나 놓치면 옳지 않으니라.

法眞一 拈 本仁大殺葛藤 若無後語 堪作甚麼 然雖如是 放過卽不可

ᐃ 고목성 선사가 상당하여 이 칙에서 "소리라 하겠는가?" 한 것
까지 들고 말하였다.

여러분이여, 옛사람이 자비가 매우 두터웠으나 향기와 누린내를
가리지 못하고, 경수(涇水)와 위수(渭水)를 가릴 줄 몰랐으니 어쩌랴.
향산도 역시 평상시에 남의 집 남녀들을 소리 앞, 구절 뒤라는 것
으로 부추겨 희롱하고 싶지 않으니 무슨 까닭인가?
차라리 몸을 먼지처럼 부술지언정 끝내 중생의 눈을 멀게 해서는
안 되기 때문이니라.

枯木成 上堂 擧此話 至喚作聲得麽 師云 諸仁者 古人 慈悲大甚 爭
奈薰猶不辨 涇渭不分 香山 尋常 亦不欲向聲前句後 敤弄人家男女
何故 乍可碎身若微塵 終不瞎箇衆生眼

　∽ 운문고 선사가 불자를 잡고서 이 칙을 들고 말하였다.

　본인 선사는 한 구멍의 운거자(雲居子)를 가지고 천하 사람의 눈동자를 바꾸려다가 도리어 그 선승의 끊어진 동아줄 한 줄에 꿰어 무기도 써보지 못하고 콧구멍이 꿰었다.

　(나중에 순(舜) 노부가 이 칙을 들고 "본인 선사는 이미 풀숲에 들어갔고, 그 선승은 다시 깊은 시골로 떨어졌다. 그러한 즉 양춘 설곡[37]은 사람들이 어울리기 어렵고, 촌 노래와 춤은 가는 곳마다 사람들이 어울린다." 한 것을 들고 말하기를)

　순 노부가 옳기는 옳으나 취해서 유인하는 대로 따라가는 꼴을 면치 못했다. 불자를 잡은 상좌가 눈썹 털을 아끼지 않고 여러분께 말해버리리라.

　소리도 소리가 아니요, 빛도 빛이 아니라 함이여, 말의 뒤, 나귀 앞에 신출귀몰함일세.

　설곡 양춘에 어울려 음률이 맞지 않으면, 촌 노래와 춤에 흐려진

---

37) 양춘 설곡 : 양춘백설곡(陽春白雪曲)이라고도 한다. 유명한 초나라의 가곡으로 곡조가 고상해서 따라 부를 수 있는 자가 거의 없었다고 한다. 춘추시대에 초나라에서 어떤 나그네가 하리(下里)와 파인(巴人) 노래를 부르니 수천 명이 따라 불렀고, 양아(陽阿)와 해로(薤露) 노래를 부르니 몇백 명이 따라 불렀는데, 양춘(陽春)과 백설(白雪) 노래를 부르니 몇십 명밖에는 따라 부르지 못했다는 고사가 전한다. 문선 송옥 대초왕문(文選 宋玉 對楚王問) 권 45에 기록되어 있다.

다.

(불자로 선상을 치고)

이것은 결정코 소리가 아니니라.

(다시 불자를 일으켜 세우고)

이것은 결정코 빛깔이 아니니 끝내 무엇인가?

악!

이때에 근원을 규명하지 못하면 오는 세상의 미륵을 기다려서 물
으라.

雲門杲 秉拂擧此話云 本仁 將一穿雲居子 換却天下人眼睛 却被這
僧將一條斷貫索 不動于戈 穿却鼻孔 後來舜老夫拈云 本仁 旣已入草
遮僧 又落深村 然則陽春雪曲 時人 難和 村歌社舞 到處與人合得着
師云 舜老夫 是則也是 未免隨摟搜 秉拂上座 不惜眉毛 爲諸人說破
聲不是聲 色不是色 馬後驢前 神出鬼沒 雪曲陽春和不齊 村歌社舞且
漚潷 以拂子 擊禪床云 遮箇 決定不是聲 復擧起云 者介 決定不是色
且畢竟是介什麼 喝一喝云 此時 若不究根源 直待當來問彌勒

 대원 문재현은 이 칙을 모두 들고나서 이르노라.

할아비가 손자와 같이하다가 수염을 뽑히는 수모를 입는다 하더
니 본인 화상이 그런 이라고나 할까?
어째서인고?
험!

이천삼년 대구의 국제경기 화려하고
해운대 피서모습 천연의 장관일세

912칙 눈에 모래를 넣을 수 없고, 귀에 물을 넣을 수 없느니라

 본 칙

본인 선사가 상당하여 말하였다.

"눈에 모래를 넣을 수 없고, 귀에 물을 넣을 수 없느니라."

어떤 선승이 물었다.

"어떤 것이 눈에 모래를 넣을 수 없는 것입니까?"

본인 선사가 말하였다.

"참된 응함이라 견줄 데 없느니라."

선승이 다시 물었다.

"어떤 것이 귀에 물을 넣을 수 없는 것입니까?"

본인 선사가 말하였다.

"꾸밈없는 청정함이라 때[垢]가 없느니라."

本仁 上堂云 眼裏着沙不得 耳裏着水不得 僧 便問 如何是眼裏着沙
不得 師云 應眞無比 僧云 如何是耳裏着水不得 師云 白淨無垢

◇ 설두현 선사가 옛사람의 말에 "눈에 모래를 넣을 수 없고, 귀에 물을 넣을 수 없느니라." 한 것을 들고 말하였다.

갑자기 어떤 사람이 깨달아 믿어 거처를 얻으면 남의 속임을 받지 않으리라. 불조의 가르침이란 무엇인가?

뜨거운 주발〔椀〕이 울리는 소리니라.

청하건대 바리때와 바랑을 높이 걸고 주장자를 꺾어 부러뜨려버려야 일 없는 도인의 일원이다.

(또 말하기를)

눈에 수미산을 넣고 귓속에 바닷물을 넣더라도 일반 사람이라면 불조의 가르침을 들어 헤아려 용이 물을 얻은 것 같고 범이 산에 의지한 것 같아야 할 것이니, 도리어 참으로 바리때와 바랑을 어깨에 메고 주장자를 비껴들어야 또한 일 없는 도인의 일원이다.

(또 말하기를)

이럴 것도 없고 저럴 것도 없는 그런 뒤에는 교섭할 것마저 없느니, 일 없는 도인 셋 가운데서 한 사람을 골라 스승을 삼아야 되느니라.

雪竇顯 擧古云 眼裏着沙不得 耳裏着水不得 忽若有箇漢 信得及 把得住 不受人瞞 祖佛言敎 是什麽 熱椀鳴聲 便請 高掛鉢囊 拗折拄杖

管取一員無事道人 又云 眼裏着得須彌山 耳裏着得大海水 一般漢 受
人商量祖佛言敎 如龍得水 似虎靠山 却須挑起鉢囊 橫擔柱杖 亦是一
員無事道人 復云 與麼也不得 不伊麼也不得然後 沒交涉 三員無事道
人中 要選一人爲師

∽ 법진일 선사가 이 칙을 들고 말하였다.

  본인 노인의 앞의 말에 나중의 말이 맞지 않는다. 그렇게 말한 것
도 크게 좋다고 할 수는 없으니, 자세히 점검하건대 서른 방망이를
때려주는 것이 좋겠다.

  法眞一 拈 本仁老漢 前言 不副後語 與麽道 大好着不得 子細點檢
將來 好與三十棒

∽ 천동각 선사가 이 칙을 들고 말하였다.

　백수 노인은 가히 커서 밖이 없고 작아서 안이 없다 할 것이다.
천만 가지 변화가 구족하니 역시 맨 손, 빈 몸에 한 방울, 한 티끌
도 받음 없음이 눈에 가득, 귀에 가득함이니라. 보았는가?
　발 딛을 땅도 없는 마음을 안 이, 몇일까?

　天童覺 拈 白水老子 可謂大而無外 小而無內 具足千變萬化 祇介赤
手空身 不受一滴一塵 直是滿眼滿耳 還見麼 立足無閑地 知心 有幾
人

∽ 천동각 선사가 다시 이 칙을 들고 이어 설두 선사가 이 칙을
들어 말한 것을 들고 말하였다.

건곤을 앉아 끊음과 세계를 건립함, 광명을 나투어 세속에 섞임
이 각각 장한 점이 있다. 말해보라. 어느 한 사람을 뽑아서 스승을
삼을까?
(주장자를 번쩍 일으켜 세우고)
꿰뚫었도다!

又擧此話 連擧雪竇拈 師云 坐斷乾坤 建立世界 和光混俗 各有長處
且道 選那一人爲師 驀拈起柱杖云 穿過了也

〰 운문고 선사가 이 칙을 들고 이어 설두 선사가 이 칙을 들어
말한 것을 들고 말하였다.

세 사람 가운데 어느 사람을 부릴 것인가? 내가 불러서 발을 씻
길까 하노라. 설두 선사는 그렇게 했으나 묘희는 그렇게 하지 않으
리라.

갑자기 어떤 납자가 나서서 말하기를 "한 장의 문서로 허물을 다
스리는 것이 좋겠습니다." 하면 그를 괴이히 여길 수는 없느니라.

雲門杲 擧此話 連擧雪竇拈 師云 三人中 那箇堪爲走使 我要喚來洗
脚 雪竇 伊麽 妙喜 不伊麽 忽有箇衲僧 出來道 好與一狀領過 也怪
他不得

 대원 문재현은 이 칙을 모두 들고나서 이르노라.

험!

(크게 웃고)

본인 선사여, 차나 한 잔 드시구려.

913칙 스스로 돌돌 잘 구르고 있거늘 무엇하러 그렇게 하는가

 본 칙

예주 흠산 문수 선사가 욕실에 들어가니 어떤 선승이 보고 수륜
(水輪)을 밟다가 내려와서 합장하여 안부를 물었다.

"어떠하십니까?"

흠산 선사가 말하였다.

"다행히 스스로 돌돌 잘 구르고 있거늘 무엇하러 그렇게 하는가."

선승이 말하였다.

"이렇게 하지 않으면 또 어떻게 하겠습니까?"

흠산 선사가 말하였다.

"흠산의 안목을 어찌 보는 것이냐."

선승이 도리어 물었다.

"어떤 것이 화상의 안목입니까?"

흠산 선사가 손으로 눈썹을 비비는 시늉을 하였다.

선승이 말하였다.

"화상께서도 그렇게 하십니까?"

흠산 선사가 말하였다.

"그렇다. 그렇다. 내가 이렇게 한 것은 곧 이렇게 한 것도 아니
다."

선승이 대답이 없자, 흠산 선사가 말하였다.

"싸움터에 나섰다가 공이 없으니, 정말 힘 빠질 일이구나."

흠산 선사가 말없이 보이고 선승에게 물었다.

"알겠는가?"

선승이 대답하였다.

"모르겠습니다."

흠산 선사가 말하였다.

"내가 그대를 위해 절반을 짊어짐일세."

澧州欽山文邃禪師 入浴室 見僧踏水輪 下來問訊云 不審 師云 幸自
轆轆地轉 何須却伊麼 僧云 不伊麼 又爭得 師云 若伊麼欽山眼 堪作
什麼也 僧云 作麼生是和尙眼 師乃以手 作撥眉勢 僧云 和尙 又得伊
麼 師曰 是是 爲我伊麼 便不得伊麼 僧無對 師云 索戰無功 一場氣
悶 良久 問僧云 會麼 僧云 不會 師云 我爲汝擔一半

◌ 법진일 선사가 이 칙을 들고 말하였다.

흠산 선사가 그렇게 물었거늘 그 선승이 알아듣지 못했을 뿐이
다. 만일 흠산 선사가 말하기를 "다행히 스스로 돌돌 잘 구르고 있
거늘 무엇하러 그렇게 하는가." 하는 것을 보았을 때, 다만 말하기
를 "만일 스스로 구르지 않았다면 어찌 그럴 줄은 알았으리오." 하
기만 했어야 할 것인데 그가 이미 그러지 못했도다.
흠산 선사가 비록 하나의 반을 짊어졌다고는 하나 제방의 점검과
질책을 면치 못하리라.

法眞一 拈 欽山 伊麼問 者僧 自不承當 若見欽山 道幸自轆轆地轉
何須却伊麼 但云 若不轆轆地轉 爭解伊麼 他旣不能 雖然欽山 與擔
一半 不免諸方檢責

 대원 문재현은 이 칙을 모두 들고나서 이르노라.

털끝만한 차이도 없이 하늘땅 사이를 이룬다는 말이 있더니 이를
두고 하는 말이던가?

가뭄 끝에 뇌성이 요란하고
비둘기는 집 찾아 날아든다

삼라만상 모든 것 자취 없고
흔적조차 깨끗한 여기에서

비 내리니 우산을 펴 받치고
일터에 달려가서 살피네

914칙 주먹을 세우다

 본 칙

흠산 선사가 어느 날 상당하여 주먹을 세우고 말하였다.

"펴면 손바닥이 되어 다섯 손가락이 들쑥날쑥하다."

다시 쥐고는 말하였다.

"지금 주먹이 되니, 절대 높고 낮음이 없도다. 헤아릴 이가 있는가?"

어떤 선승이 나서서 주먹을 세우자, 흠산 선사가 말하였다.

"그대는 쥐지도 펴지도 못하는 놈일 뿐이다."

欽山 一日上堂 竪起拳 又開云開則爲掌 五指參差 復握云 如今爲拳
必無高下 還有商量也無 一僧 出衆 竪起拳 師云 尒只是介無開合漢

∽ 지비자 선사 송

쥔 주먹을 펴서 손바닥이 되면
높고 낮음과 길고 짧음이 생긴다 함이여
눈밝은 사람이 한 번 보면
손뼉을 치고 깔깔 웃으리

知非子 頌
握拳開作掌
高下與偏頗
明眼人一見
拍手笑呵呵

෴ 설두현 선사가 이 칙을 들고 말하였다.

설두는 그렇게 하지 않으리라.

(주먹을 세우면서)

쥐면 주먹이 되니, 높고 낮음이 있도다.

(다시 펴고)

펴면 손바닥이 되니 두드러짐과 치우침이 없도다.

말해보라. 열어놓아서 사람을 위함이 옳은가, 잡아 쥐어서 사람을 위함이 옳은가?

펴서도 수레를 이루고, 쥐어서도 바퀴자국과 일치하나, 만일 문을 닫아 수레를 이루고, 문을 나서서 바퀴자국과 일치한다고 하면, 나는 그대가 귀신굴 속에서 살림을 하는 것으로 알리라.

雪竇顯 拈 雪竇卽不然 乃竪拳云 握則爲拳 有高有下 復開云 開則成掌 無黨無偏 且道 放開爲人 好 把定爲人 好 開也造車 握也合轍 若謂閉門造車 出門合轍 我也知你向鬼窟裏作活計

 대원 문재현은 이 칙을 모두 들고나서 이르노라.

이 흠산 선사의 법문은 무정의 설법을 들을 줄 아는 이라야 듣는
다 하리라.
(세 걸음 걷다 서서)
알겠는가?
흙덩이 쫓는 개가 되지 말아야 할 걸세.
악!

915칙 한 활촉이 세 관문을 깨뜨릴 때

 본 칙

흠산 선사에게 양(良) 선객이 물었다.

"한 활촉이 세 관문을 깨뜨릴 때가 어떠합니까?"

흠산 선사가 말하였다.

"관문 안의 주인을 내놓아보라."

양 선객이 말하였다.

"그러면 허물을 알아 반드시 고치겠습니다."

흠산 선사가 말하였다.

"다시 언제를 기다리겠는가?"

양 선객이 말하였다.

"좋은 화살은 놓아둘 곳이 따로 없습니다."

양 선객이 문득 나가자 흠산 선사가 말하였다.

"이리 오라. 사리여."

양 선객이 고개를 돌리자 흠산 선사가 꽉 붙들고 말하였다.

"한 활촉이 세 관문을 깨뜨리는 것은 고사하고, 흠산에게 화살을
쏘아보라."

양 선객이 입을 열려 망설이자 흠산 선사가 일곱 방망이를 때리고 말하였다.

"듣는 자이거늘 30년을 의심하는구나."

欽山 因良禪客 問 一鏃破三關時如何 師云 放出關中主看 良云 伊麼則知過必改 師云 更待何時 良云 好箭 放不着所在 便出 師云 且來 闍梨 良 廻首 師把住云 一鏃破三關 卽且置 試與欽山發箭看 良擬議 師打七棒云 且聽者漢疑三十年

그대에게 관문 안의 주인을 내놓으라 하니
화살을 쏜다는 무리는 경솔히 말라
눈으로 취하려 하면 반드시 귀머거리가 되고
귀를 버린다고 하더라도 두 눈이 봉사가 된다
가엾다! 한 활촉이 세 관문을 깨뜨린다 함이여
화살 뒤의 길, 또렷또렷 분명하거늘
그대 보지 못했는가? 현사의 말에
대장부는 원래부터 마음의 주인이라 했네

雪竇顯 頌
與君放出關中主
放箭之徒莫莽鹵
取箇眼兮耳必聾
捨箇耳兮目雙瞽
可憐一鏃破三關
的的分明箭後路
君不見玄沙有言兮
大丈夫先天爲心祖

동안현 선사가 이 칙을 들고 말하였다.

"양공이 비록 화살을 쏘았으나 아직 과녁에 맞지 않았을 뿐이로다."

어떤 선승이 얼른 물었다.

"어찌해야 과녁에 맞겠습니까?"

동안현 선사가 말하였다.

"관문 안의 주인이구나. 이 어떤 사람인가?"

그 선승이 이 일을 흠산 선사에게 이야기했더니, 흠산 선사가 말하였다.

"양공이 만일 그럴 줄 알았더라면 흠산의 입을 면할 수 있었으리라. 그러나 동안도 좋은 마음씨가 아니니, 역시 스스로 보아야 되리라."

同安顯 拈 良公 雖發箭 要且未中的 有僧 便問 未審如何得中的 安
云 關中主 是什麽人 其僧 却擧似欽山 山云 良公 若解伊麽 也免得
欽山口 然雖如是 同安 不是好心 亦須自看 始得

◌ 법진일 선사가 이 칙을 들고 이어 동안 선사가 이 칙을 들어
말한 것을 들고 말하였다.

양공은 이미 활이 꺾이고 화살이 다했으며, 동안 선사 역시 활을
잘 쏘지 못했다.

만일 노승의 견처를 들라 하면 "흠산에게 화살을 쏘아보라." 할
때에 다만 "내리막길을 달려보지 않고서는 빠른 길을 만나기 어렵
다."라고만 하고, 한 대 때렸어야 좋았다 하리라.

法眞一 擧此話連擧同安拈 師云 良公 已是弓折箭盡 同安 亦未善發
機 若據老僧見處 待他道試與欽山發箭看 但向道 下坡不走 快便難逢
好與一掌

◌ 천동각 선사가 이 칙을 들고 말하였다.

산같이 쌓이고 쌓여 왔더라도 기와 깨지듯 얼음 녹듯 하면 이 사람은 안다 할 것이다.

"나에게 관문 안의 주인을 내놓아보라." 했으니, 어찌해야 되겠는가?

어떤 이는 말하기를 "그때에 할을 했어야 한다." 하고 "때렸어야 한다." 하기도 하니, 그런즉 일시적인 눈먼 작용은 될 수 있거니와 관문 안의 주인은 되지 못한다. 알아듣겠는가?

법당에 정좌함도 없거늘, 어찌 양쪽으로 달리랴.

天童覺 拈 山堆嶽積來 瓦解冰消去則是人 知有 與我放出關中主看
且合作麽生 有底道 當時便喝 當時便掌 然則一期瞎用則得 要且未是
關中主在 還體得麽 當堂不正坐 那赴兩頭機

 대원 문재현은 이 칙을 모두 듣고나서 이르노라.

　당시 이 사람이었다면 "한 활촉이 세 관문을 깨뜨릴 때가 어떠합니까?" 하면 "세 관문을 깨뜨린 이에게도 그런 말이 있던가?" 하고 그가 무슨 말을 하려고만 하면 입을 막아버린 뒤 "아차차." 하고 불쑥 방에서 나와버렸을 것이다.

916칙 응하여 씀에 이지러짐이 없는 눈

 본 칙

명주 천동산 함계 선사에게 어떤 선승이 물었다.
"어떤 것이 응하여 씀에 이지러짐이 없는 눈입니까?"
함계 선사가 말하였다.
"마치 소경과 같으니라."

明州天童山咸啓禪師因僧問 如何是應用無虧底眼 師云 恰如瞎一般

☞ 단하순 선사 송

소경·귀머거리·벙어리 원래의 천진함이여
눈과 눈썹 같아야 도에 비로소 가까워진다
지난 밤에 동군(東君, 봄)이 가만히 법령을 내리니
노란 꾀꼬리 우는 곳에 푸른 버들 봄빛일세

舟霞淳 頌
盲聾瘖瘂逈天眞
眼似眉毛道始隣
昨夜東君潛布令
黃鶯啼處綠楊春

 대원 문재현은 이 칙을 모두 들고나서 이르노라.

이 사람이 이런 질문을 받는다면 "매사에 이렇게 임하니라." 했을
것이다.

수행의 노래

대원 문재현 선사님 작사

여기에 실린 것들은 모두 대원 문재현 선사님께서 직접 작사하신 곡들이다.

수행의 길로 들어서게끔 신심, 발심을 북돋아주는 곡으로부터 수행의 길로 접어든 이의 구도의 몸부림이 담겨있는 곡, 대승의 원력을 발해서 교화하는 보살의 자비심과 함께 낙원 세계를 누리는 풍류를 그려놓은 곡까지 가사 한마디, 한마디가 생생하여 그 뜻이 뼛속 깊이 새겨지고 그 멋에 흠뻑 취하게 된다.

대원 문재현 선사님께서는 거칠고 말초적인 요즘의 노래를 듣고 이러한 정서를 순화시키고자, 또한 수행의 마음을 진작시키고자 하는 뜻에서 이 곡들을 작사하셨다.

서 원 가

작사 문재현
작곡 배신영
노래 홍노경

느리게

반조 염불가

작사 문재현
작곡 배신영
노래 홍노경

느리게

소중한 삶

작사 문재현
작곡 배신영
노래 홍노경

석가모니불

작사 문재현
작곡 배신영
노래 홍노경

맹서의 노래

작사 문재현
작곡 배신영
노래 홍노경

느리게

염원의 노래

작사 문재현
작곡 배신영
노래 홍노경

느리게

음성공양

작사 문재현
작곡 배신영
노래 홍노경

느리게

발 심 가

작사 문재현
작곡 배신영
노래 홍노경

보사노바

자비의 품

작사 문재현
작곡 배신영
노래 홍노경

부처님 은혜 1

작사 문재현
작곡 배신영
노래 홍노경

느리게

보살의 마음

작사 문재현
작곡 배신영
노래 홍노경

이 생에 해야 할일

작사 문재현
작곡 배신영
노래 홍노경

구도의 목표

작사 문재현
작곡 배신영
노래 홍노경

느리게

님은 아시리

작사 문재현
작곡 배신영
노래 홍노경

부처님 은혜 2

작사 문재현
작곡 배신영
노래 홍노경

느리게

성중성인 오셨네

(초파일노래)

내 문제는 내가 풀자

작사 문재현
작곡 배신영
노래 홍노경
조금빠르게
A F#m Bm7 C#7 F#m
나의
B F#m Bm7 D C#7
문제 그 뉘 라서 풀 어 주 - 랴 내
없는 이 보 고 인 자 신 에 - 서 사
F#m Bm7 C#7 F#m
일 은 - 내 가 풀 어 야 지 누
고 와 - 명 상 깊 이 다 해 깨
C#7 F#m Bm7 C#7
구 에 - 게 빌 지 를 말 - 자 지
달 아 - 서 누 리 며 살 - 자 지
F#m Bm7 C#7 F#m
금 이 어 느 때 인 데 허 공 향 해 구 걸 하 랴 -
금 의 때 에 맞 는 삶 모 두 함 께 웃 고 사 세 -
F#m Bm7 C#7 F#m
다 함 D.S
F#m Bm7 C#7 F#m
Fine

즐거운 밤

작사 문재현
작곡 배신영
노래 홍노경

관 음 가

작사 문재현
작곡 배신영
노래 홍노경

 사 색

1. 조용히 눈 감고서 참나를 살펴봐요
   갖은 생각 모든 행이 이로 좇아 있건만은
   색깔도 모양도 없어 알고파서 사색일세
   모든 걸 내려놓고 쉬는 시간 사색으로
   한 걸음 또 한 걸음 다가서는 노력 다해
   기어이 성취하여 낙원의 삶 누리려네

2. 조용한 사색으로 깨달아 살펴보면
   온갖 지혜 모든 덕이 이로 좇아 있음에
   그 능력 베풀고 펼쳐 누리려고 수행일세
   모두를 다 비우고 님의 자취 따름으로
   한걸음 또 한걸음 극락세계 다가가서
   기어이 성취하여 너나 없이 누려보세

천부경을 아시나요

1. 우리 조상 깊은 진리 천부경을 아시나요
   여든 한자 속에 누리의 온 이치를 남김없이 담으셨네
   필부의 사내라도 마음을 갈고 닦아
   영원한 참나 깨쳐 환인 큰 은혜에 보답해 사세

2. 바른 진리 깨달아서 이 세상을 바로 봐요
   마음의 능력으로 펼쳐놓은 장엄이라 화려하고 아름답네
   이 땅인 이대로가 낙원의 세계이니
   노래와 춤으로써 어깨동무하고 영원히 사세

 서 원 가

1. 참나를 깨달아서 보림을 하고
   다가올 내 앞날의 서원이라네
   기어코 육바라밀 성취를 하여
   불보살님 큰 은혜에 보답하면서
   영원히 구제의 길 나는 가리라

2. 보살의 가는 길이 험난타 해도
   맹세코 초지일관 서원이라네
   구류를 그릇 따라 깨닫게 하여
   스승님의 큰 은혜에 보답하면서
   영원히 구제의 길 나는 가리라

3. 중생이 끝이 없다 말들을 해도
   보현의 만행 다해 제도를 하여
   유정과 무정 모두 다한 그날이
   삼보님의 큰 은혜를 갚는 날이니
   영원히 구제의 길 나는 가리라

1 부

1. 사계절의 풍광인들 위로되겠니

   서사시의 음률인들 쉬어지겠니

   뜻과 같이 되지 않아 기도에 젖은

   이 마음 님은 아시리

   한 세상 열정 쏟아 닦는 수행길

   불보살님 출현하셔 베푼 자비에

   모든 망상, 모든 번뇌 없었으면 좋으련만

   마음대로 안 되는 게 수행이더라, 수행이더라, 수행이더라

2. 사계절의 풍광인들 위로되겠니

   서사시의 음률인들 쉬어지겠니

   뜻과 같이 되지 않아 기도에 젖은

   이 마음 님은 아시리

   청춘의 모든 욕망 사뤄버리고

   회광반조 촌각 아껴 열정 쏟아서

   이룬 선정 그 효력이 있었으면 좋으련만

   마음대로 안 되는 게 보림이더라, 보림이더라, 보림이더라

3. 사계절의 풍광인들 위로되겠니
   서사시의 음률인들 쉬어지겠니
   뜻과 같이 되지 않아 기도에 젖은
   이 마음 님은 아시리
   억겁의 모든 습성 꺾어보려고
   갖은 노력 갖은 인내 온통 쏟아서
   세월 잊은 보림 성취 있었으면 좋으련만
   마음대로 안 되는 게 성불이더라, 성불이더라, 성불이더라

2 부

1. 사계절의 풍광인들 비유되겠니
   가릉빈가 음률인들 비교되겠니
   뜻과 같이 자유자재 베풀어 놓고
   한없이 즐기시련만
   그러한 대자유의 삶을 접고서
   중생들을 구제하려 삼도에 출현
   갖은 역경 어려움을 감내하는 자비로써
   깨워주는 그 진리에 눈을 뜨거라, 눈을 뜨거라, 눈을 뜨거라

2. 사계절의 풍광인들 비유되겠니
   가릉빈가 음률인들 비교되겠니
   뜻과 같이 자유자재 베풀어 놓고
   한없이 즐기시련만
   억겁을 다하여도 끝이 없을 걸
   알면서도 해내겠다 나선 님의 길
   가시밭길 험난해도 일관하신 그 자비에
   구류중생 깨달아서 정토 이루리, 정토 이루리, 정토 이루리

3. 사계절의 풍광인들 비유되겠니
   가릉빈가 음률인들 비교되겠니
   뜻과 같이 자유자재 베풀어 놓고
   한없이 즐기시련만
   낙원의 모든 즐김 떨쳐버리고
   삼악도를 낙원으로 이뤄놓겠다
   촌각 아낀 그 열정에 모두 모두 감화되어
   이 땅 위에 님의 소원 이뤄지리라, 이뤄지리라, 이뤄지리라

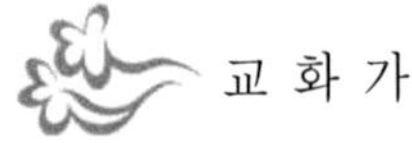 교 화 가

1. 주장자 떨쳐메고 방랑 삼천계
   흰구름 뜬 고개 넘어 오신 님이 누구뇨
   사바세계 중생들을 구제를 할 때
   갖은 방편 어려움도 웃어넘는 스승님

2. 주장자 떨쳐메고 방랑 삼천계
   흰구름 뜬 고개 넘어 오신 님이 누구뇨
   구류중생 그릇 따라 교화를 할 때
   제 안경에 갖은 시비 웃어넘는 스승님

3. 주장자 떨쳐메고 방랑 삼천계
   흰구름 뜬 고개 넘어 오신 님이 누구뇨
   화장세계 열어놓고 노래를 하며
   춤을 추는 이 환희를 함께 하잔 스승님

보살의 마음

1. 파도에 실려 떠가는 낙엽같이 살아가는 인생
   구원코자 따라주며 같이 하는 자비인데
   제 안경에 보인 대로 말들 하지만
   못 들은 척 모르는 척 최선 다하리
   바른 눈, 바른 맘 통쾌히 열어라
   아 그날이 오기만을 기다리는 마음

2. 파도에 실려 떠가는 낙엽같이 살아가는 인생
   구원코자 따라주며 같이 하는 자비인데
   눈이 멀고 귀가 먹은 저들이지만
   황소처럼 지장처럼 최선 다하리
   지혜 눈, 지혜 맘 통쾌히 열어라
   아 그날이 오기만을 기다리는 마음

보 살 가

1. 세상사에 어울린 구제의 길
   어려움도 웃어넘긴 이 마음을 흰구름 너도 알리라
   성불의 보리과를 이루기 위해 두타의 수행으로써
   이 세계 저 세계서 닦았던 보현행을 영원히 펼치리

2. 세상사에 어울린 구제의 길
   어려움도 웃어넘긴 이 마음을 흰구름 너도 알리라
   온누리 극락으로 이루기 위해 두타의 길이라지만
   서원코 남김없이 구류를 제도하여 영원히 누리리

 발 심 가

- 청춘가에 맞춰 흥겹게

1. 우리네 한세상 보람찬 삶으로
   바꾸기 위하여 닦아들 봅시다
   청춘 홍안이 얼마나 길던가
   꿈꾸는 사이에 백발이 된다네

2. 참나를 깨달아 보림을 하고요
   자비심 발하여 구제길 나서서
   중생들 세계에 고통을 없애어
   극락이 되도록 최선을 다하세

3. 본연한 몸의 능력을 베풀어
   극락세계 장엄을 하구요
   둥실 두둥실 누리기 위하여
   오늘의 어려움 극복을 해내세

4. 눈 깜박 하는 새 한 세상 다 가고
   부귀와 공명은 잠시의 꿈이라
   이러한 되풀이 금생에 끝내어
   윤회의 사슬에서 벗어나 납시다

 권 수 가

- 창부타령에 맞춰 흥겹게

1. 아니 아니 닦지는 못하리라
   나라는 참나를 어이해야 알꼬, 일분과 일각도 허송하지 말게
   눈감아 뜨는 사이 백발과 주름일세
   어서 수행을 하여 영원한 참나를 알고 사세
   이것이것 이것이 뭐꼬, 뭐꼬라고 한 이것이 뭐꼬
   보일듯이 아니 보이고 이룰 듯 하다가 놓쳤으니
   하루하루가 태산만 같게 커져만 가는게 의심일세
   얼씨구나 좋다, 지화자 좋네, 아니 닦지는 못하리라

2. 아니 아니 닦지는 못하리라
   한송이 떨어진 꽃을 낙화진다고 서러워 마라
   한번 피었다 꽃이 지듯 우리 저렇듯 지고 마는
   슬픈 나날이 흘러 흘러 흘러만 가니 어이하리
   차착각, 저 초침소리 검은 옷으로 다가오는
   저승의 사자소리, 어찌 아니 슬플손가
   숙명적인 인과라 해도 극복해 넘기에 어려웁네
   얼씨구나 좋다, 지화자 좋네, 아니 닦지는 못하리라

3. 아니 아니 닦지는 못하리라
   적적요요 달밝은 밤에 단정히 눈을 감은
   깊은 삼매, 대상 없는 낙에 취해 짓는 미소
   한산 습득이 즐겨 누리는 그 낙이 아니던가
   모두들 저런 낙을 누리려거든 닦고 닦소
   삼세 모든 불보살님도 두타의 수행을 인내로써
   하루하루를 수행해 왔던 결실로 얻어진 과위라네
   얼씨구나 좋다, 지화자 좋네, 아니 닦지는 못하리라

4. 아니 아니 닦지는 못하리라
   어지러운 번뇌망상, 털고 이룬 보리마음
   모든 속박 다 떨치고 호연지기를 누리는데
   송죽바람 솔솔 향기, 그윽하고 그윽하네
   산새도 노래하니 너도 좋고 나도 좋다
   삼세제불 무현금에 역대조사 무공적의
   명월삼경 이 좋은 밤을 두둥실 두둥실 즐겨보세
   얼씨구나 좋다, 지화자 좋네, 아니 닦지는 못하리라

바로보인의 책들

1. 바로보인 전등록 (전30권을 5권으로)

7불과 역대 조사의 말씀이 1,700공안으로 집대성되어 있는 선종 최고의 고전으로, 깨달음의 정수가 살아 숨쉬도록 새롭게 번역되었다.

464, 464, 472, 448, 432쪽.

각권 18,000원

2. 바로보인 무문관

황룡 무문 혜개 선사가 저술한 공안집으로 『전등록』, 『선문염송』, 『벽암록』 등과 함께 손꼽히는 선문의 명저이다.

본칙 48개와 무문 선사의 평창과 송, 여기에 역저자인 대원 문재현 선사의 도움말과 시송으로 생명과 같은 선문의 진수를 맛보여 주고 있다.

272쪽. 12,000원

3. 바로보인 벽암록

설두 선사의 『설두송고』를 원오 극근 선사가 수행자에게 제창한 것이 벽암록이다.

이 책은 본칙과 설두 선사의 송, 대원 문재현 선사의 도움말과 시송으로 이루어져, 벽암록을 오늘에 맞게 바로 보이고 있다.

456쪽. 15,000원

4. 바로보인 천부경

우리 민족 최고(最古)의 경전 천부경을 깨달음의 책으로 새롭게 바로 보였다. 이 책에는 81권의 화엄경을 81자에 함축한 듯한 천부경과, 교화경, 치화경의 내용이 함께 담겨 있으며, 역저자인 대원 문재현 선사가 도움말, 토끼뿔, 거북털 등으로 손쉽게 닦아 증득하는 문을 열어놓고 있다.

432쪽. 15,000원

5. 바로보인 금강경

대원 문재현 선사의 『바로보인 금강경』은 국내 최초로 독창적인 과목을 내어 부처님과 수보리 존자의 대화 이면의 숨은 뜻을 드러내고, 자문과 시송으로 본문의 핵심을 꿰뚫어 밝혀, 금강경 전체를 손바닥 안의 겨자씨를 보듯 설파하고 있다.

488쪽. 15,000원

6. 세월을 북채로 세상을 북삼아

대원 문재현 선사의 선시가 담긴 선시화집 『세월을 북채로 세상을 북삼아』는 선과 시와 그림이 정상에서 만나 어우러진 한바탕이다. 선의 세계를 누리는 불가사의한 일상의 노래, 법열의 환희로 취한 어깨춤과 같은 선시가 생생하고 눈부시게 내면의 소리로 흐른다.

180쪽. 15,000원

7. 영원한현실

애매모호한 구석이 없이 밝고 명쾌하여, 너무도 분명함에 오히려 그 깊이를 헤아리기 어려운, 대원 문재현 선사의 주옥같은 법문을 모아 놓은 법문집이다.

　400쪽. 15,000원

8. 바로보인 신심명

신심명은 양끝을 들어 양끝을 쓸어버리는, 40대치법으로 이루어진, 3조 승찬 대사의 게송이다.

이를 대원 문재현 선사가 바로 번역하는 것은 물론, 주해, 게송, 법문을 더해 통쾌하게 회통하고 자유자재 농한 것이 이 『바로보인 신심명』이다.

　296쪽. 10,000원

9. 바로보인 환단고기 (전5권)

『바로보인 환단고기』 1권은 민족정신의 정수인 환단고기의 진리를 총정리하여 출간하였다.

2권에는 역사총론과 태초에서 배달국까지 역사가 실려있으며, 3권은 단군조선, 4권은 북부여에서부터 고려까지의 역사가 실려있다. 5권에는 역사를 증명하는 부록과 함께 환단고기 원문을 실었다.

　264 · 368 · 264 · 352 · 344쪽. 각권 12,000원

10. 바로보인 선문염송 (전30권 중 20권)

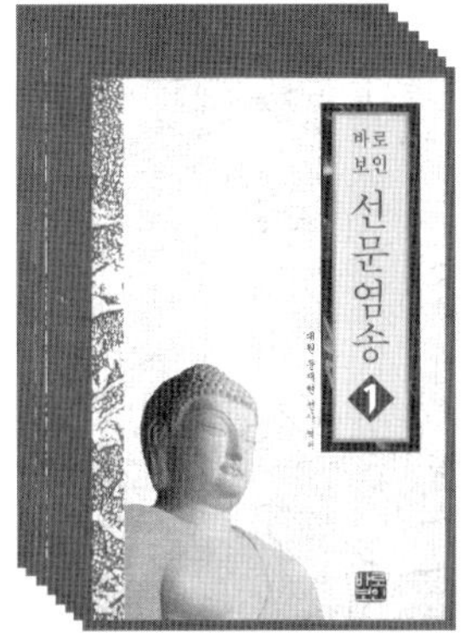

선문염송은 세계최대의 공안집이다. 전 공안을 망라하다시피 했기에 불조의 법 쓰는 바를 손바닥 들여다보듯 하지 않고는 제대로 번역할 수 없다. 대원 문재현 선사는 전 공안을 바로 참구할 수 있게끔 번역하고 각 칙마다 일러보였다.

352 368 344 352 360 360 400 440 376 392 384 428 410 380 368 434 400 404 406 440쪽

각권 15,000원

11. 앞뜰에 국화꽃 곱고 북산에 첫눈 희다

대원 문재현 선사의 선문답집으로 전강·경봉·숭산·묵산 선사와의 명쾌한 문답을 실었으며, 중앙일보의 <한국불교의 큰스님 선문답> 열 분의 기사와 기자의 질문에 대한 대원 문재현 선사의 별답을 함께 실었다.

200쪽. 5,000원

12. 바로보인 증도가

선종사에 사라지지 않을 발자취로 남은 영가 선사의 증도가를 대원 문재현 선사가 번역하고 법문과 송을 더하였다.

자비의 방편인 증도가의 말씀을 하나 하나 쳐가는 선사의 일갈이야말로 영가 선사의 본의중과 일치하여 부합하는 것이라 아니할 수 없다.

376쪽. 10,000원

13. 바로보인 반야심경

이 시대의 야부 선사, 대원 문재현 선사가 최
초로 반야심경에 과목을 붙여 반야심경 내면
에 흐르는 뜻을 밀밀하게 밝혀놓고 거침없는
송으로 들어보였다.

200쪽. 10,000원

14. 선(禪)을 묻는 그대에게 (전10권 중 2권)

대원 문재현 선사의 선수행에 대한 문답집.
깨달아 사무친 경지에 대한 밀밀한 점검과,
오후보림에 대한 구체적인 수행법 제시와,
최초의 무명과 우주생성의 원리까지 낱낱이
설한 법문이 담겨 있다.

280쪽, 272쪽. 각권 15,000원

15. 바로보인 선가귀감

선가귀감은 깨닫고 닦아가는 비법이 고스란
히 전수되어 있는 선가의 거울이라 할 만하
다. 더욱이 바로보인 선가귀감은 매 소절마
다 대원 문재현 선사의 시송이 화살을 과녁
에 적중시키듯 역대 조사와 서산대사의 의
중을 꿰뚫어 보석처럼 빛나고 있다.

352쪽. 15,000원

16. 바로보인 법융선사 심명

심명 99절의 한 소절, 한 소절이 이름 그대로 마음에 새겨두어야 할 자비광명들이다. 이 심명은 언어와 문자이면서 언어와 문자를 초월한 일상을 영위하게 하는 주옥같은 법문이다.

278쪽. 12,000원

17. 주머니 속의 심경

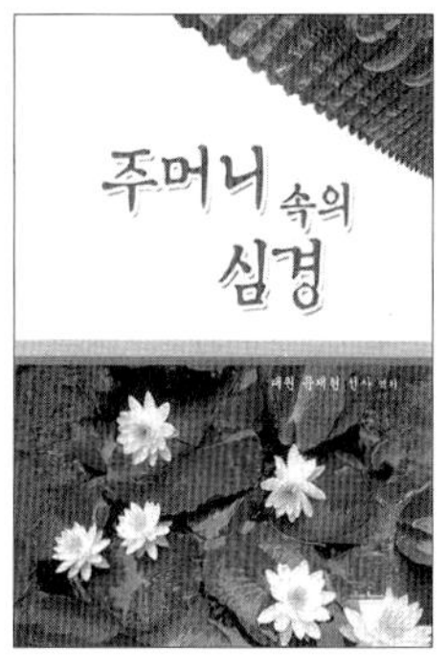

반야심경은 부처님이 설하신 경 중에서도 절제된 경으로 으뜸가는 경이다. 대원 문재현 선사의 선송(禪頌)도 그 뜻을 따라 간략하나 선의 풍미를 한껏 담고 있다. 하루에 한 소절씩을 읽고 참구한다면 선 수행의 지름길이 될 것이다.

84쪽. 5,000원

18. 바로보인 법성게

법성게는 한마디로 화엄경의 핵심부를 온통 훤출히 드러내놓은 게송이다. 짧은 글 속에 일체의 법을 이렇게 통렬하게 담아놓은 법문도 드물 것이다. 이렇게 함축된 법성게 법문을 대원 문재현 선사가 속속들이 밀밀하게 설해놓았다.

160쪽. 10,000원

19. 달다 - 전강 대선사 법어집

이제는 전설이 된 한국 근대선의 거목인 전강 선사님의 최상승법과 예리한 지혜, 선기로 넘쳤던 삶이 생생하게 담겨 있는 전강 대선사 법어집 < 달다 > !
전강 대선사님의 인가 제자인 대원 문재현 선사가 전강 대선사님의 법거량과 법문, 일화를 재조명하여 보였다.
 304쪽. 15,000원

20. 기우목동가

그 뜻이 심오하여 번역하기 어려웠던 말계 지은 선사의 기우목동가!
대원 문재현 선사가 바른 뜻이 드러나도록 번역하고, 간결한 결문과 주옥같은 선송으로 다시 보였다.
 146쪽. 10,000원

21. 초발심자경문

이 초발심자경문은 한문을 새기는 힘인 문리를 터득하게 하기 위하여 일부러 의역하지 않고 직역하였다.
대원 문재현 선사의 살아있는 수행지침도 실려 있다.
 266쪽. 10,000원

22. 방거사어록

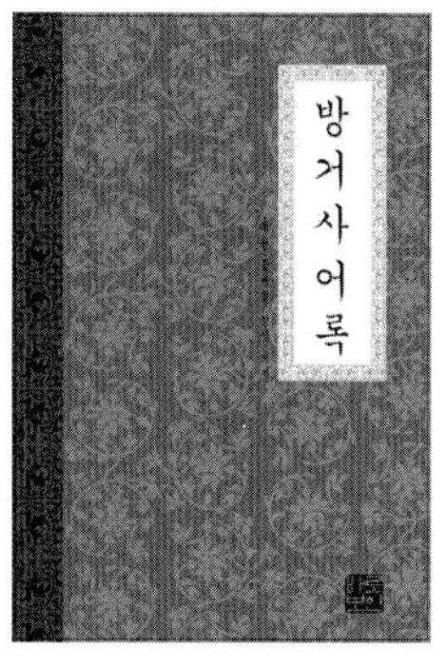

방거사어록은 선의 일상, 선의 누림을 보여
주는 대표적인 선문이다. 역저자인 대원 문
재현 선사는 방거사어록의 문답을 '본연의
바탕에서 꽃피우는 일상의 함'이라 말하고
있다. 법의 흔적마저 없는 문답의 경지를 온
전하게 드러내 놓은 번역과, 방거사와 호흡
을 함께 하는 듯한 '토끼뿔'이 실려 있다.

266쪽. 15,000원

23. 실증설

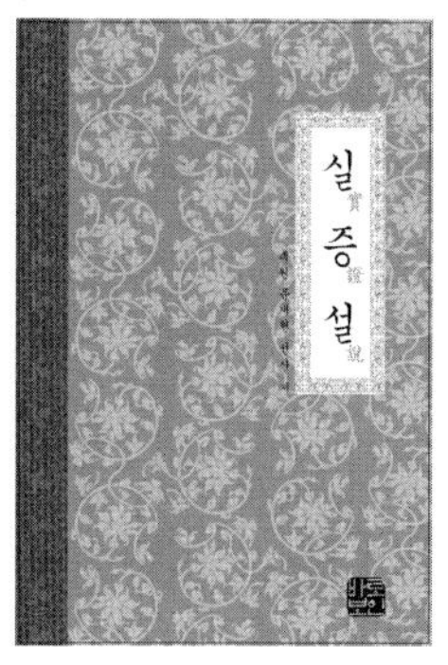

대원 문재현 선사가 2010년 2월 14일 구정을
맞이하여 불자들에게 불법의 참뜻을 보이기
위해, 홀연히 펜을 들어 일시에 써내려간 실
증설. 실증한 이가 아니고는 설파할 수 없는
일구의 도리로 보인 1부와, 태초로부터 영겁
에 이르는 성품의 이치를 낱낱이 법문으로
설한 2, 3부를 보아 실증하기를…

198쪽. 10,000원

24. 하택신회대사 현종기

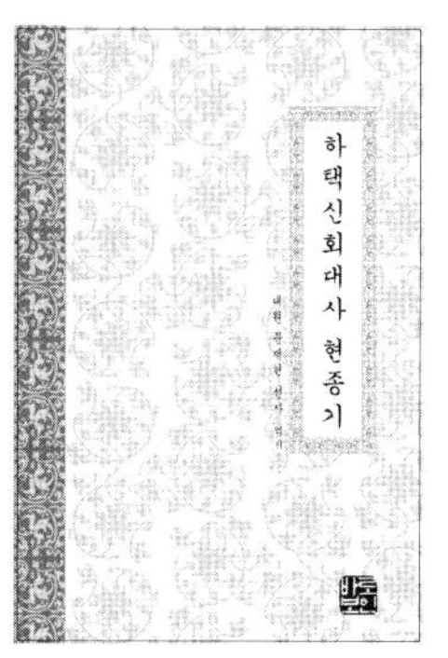

육조대사의 법이 중국천하에 우뚝하도록 한
장본인, 하택신회대사의 현종기. 세간에 지
해종도로 알려져 있는 편견을 불식시키는
뛰어난 깨달음의 경지가 여기에 담겨있다.
대원 문재현 선사님이 하택신회대사의 실경
지를 드러내고 바로보임으로써 빛냈다.

232쪽. 10,000원

25. 불조정맥 - 韓英中 3개국어판

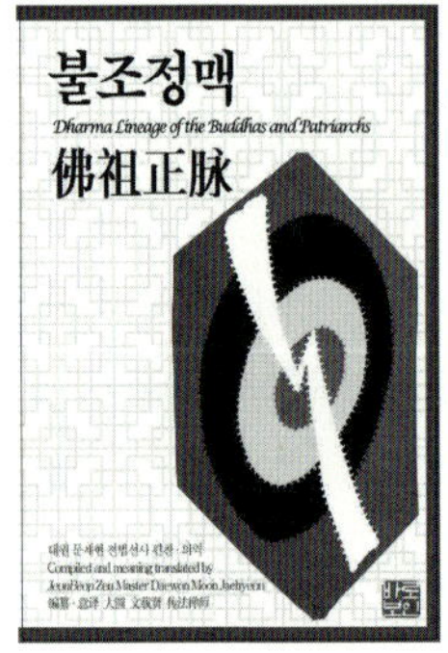

석가모니불로부터 현 78대에 이르기까지 불조정맥진영(佛祖正脈眞影)과 정맥전법게(正脈傳法偈)를 온전하게 갖춘 최초의 불조정맥서. 대원 문재현 선사님이 다년간 수집, 정리하여 기도와 관조 끝에 완성한 '불조정맥'을 3개국어로 완역하였다.

216쪽. 20,000원

26. 바른 불자가 됩시다

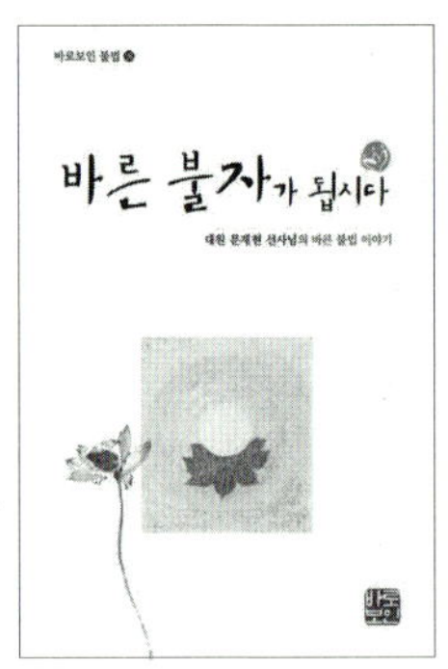

참된 발심을 하여 바른 신앙, 바른 수행을 하고자 해도, 그 기준을 알지 못해 방황하는 불자님들을 위해 불법의 바른 길잡이 역할을 하도록 대원 문재현 선사님이 집필하여 출간하였다.

162쪽. 10,000원

27. 누구나 궁금한 33가지

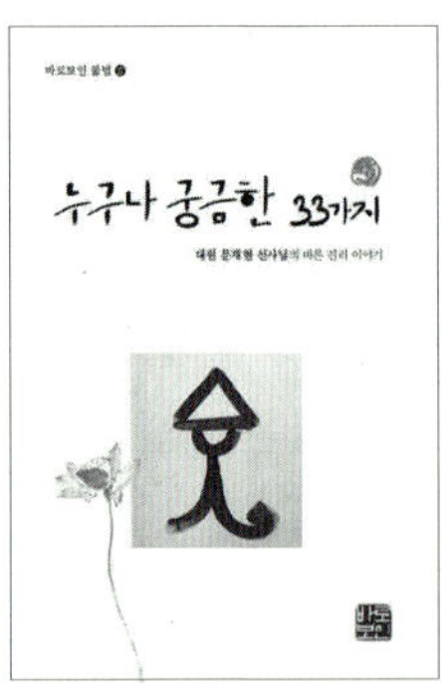

21세기의 인류를 위해 모든 이들이 가장 어렵고 궁금해 하는 문제, 삶과 죽음, 종교와 진리에 대한 바른 지표를 제시하고자 대원 문재현 선사님이 집필하여 출간하였다.

180쪽. 10,000원

28. 108진참회문 - 韓英中 3개국어판

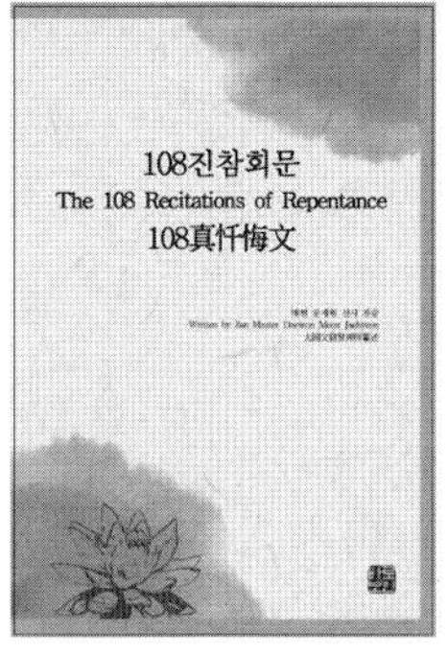

전생의 모든 악연들이 사라져 장애가 없어
지고, 소망하는 삶을 살게 하기 위해 대원
문재현 선사님이 10계를 위주로 구성한 108
항목의 참회문이다. 한 대목마다 1배를 하여
108배를 실천할 것을 권한다.

　170쪽. 15,000원

법문 MP3를 주문판매합니다

부처님의 78대손이신 대원(大圓) 문재현(文載賢) 전법선사님의 법문 MP3가 나왔습니다. 책으로만 보아서는 고준하여 알기 어려웠던 선문(禪文)의 이치들이 자세히 설하여져 있어서, 모든 궁금증을 시원하게 풀어줄 것입 니다.

- 바로보인 천부경 : 15,000원
- 바로보인 금강경 : 40,000원
- 바로보인 신심명 : 30,000원
- 바로보인 법성게 : 10,000원
- 바로보인 현종기 : 65,000원
- 바로보인 법융선사 심명 : 100,000원
- 바로보인 반야심경 : 1회당 5,000원 (총 32회)
- 바로보인 선가귀감 : 1회당 5,000원 (총 80회 예정, 현재 68회)

대원 선사님 작사 노래 CD 주문판매합니다

- 가격 : 2만원